Kinder, war das eine Zeit!

Leser erinnern sich an ihre Jugend – Band 2

MADSACK
MEDIENGRUPPE

Liebe Leserinnen, liebe Leser,

Vor einem Jahr haben wir ein besonderes Geschichtsbuch veröffentlicht, dessen Erfolg uns überwältigt hat. Das Werk hat viele Leser berührt, und letztendlich verdanken wir es auch ihnen, dass Sie nun diesen zweiten Teil mit neuen Anekdoten von früher in Ihren Händen halten können. Nach einem Zeitungsaufruf haben unglaublich viele Leser ihre Kindheits- und Jugenderinnerungen aus der Zeit des Zweiten Weltkriegs und über die Jahre danach niedergeschrieben. Das war es wert, ein weiteres Buch herauszubringen.
Auch dieser zweite Band ist ein einzigartiges Zeitdokument geworden, in dem es ausnahmsweise nicht um die großen Ereignisse in der Weltpolitik geht. Vielmehr erzählen normale Menschen von den damaligen Lebensumständen – von Entbehrung und Mangel, aber auch von einem starken Zusammenhalt in der Familie und unter Freunden. Sie haben Mut und Ideenreichtum bewiesen, sich in schweren Zeiten nicht unterkriegen lassen; allein das ist ein Grund, ihre persönlichen Geschichten für die Kinder, Nichten, Neffen und Enkel in einem Buch festzuhalten.
Im Vergleich zum ersten Teil sind nicht nur Anekdoten von Hannoveranern zusammengetragen und in Kapiteln thematisch geordnet worden, auch Leser aus Peine, Wolfsburg und Gifhorn haben ihre Erinnerungen zu Papier gebracht. Ob es um Briketts für die Tanzstunde oder gute Verstecke für Schweinefleisch geht, ihre Erlebnisse geraten dank dieses besonderen Geschichtsbuchs nicht mehr in Vergessenheit. Und wir hoffen, dass auch Sie nach der Lektüre sagen werden: „Kinder, war das eine Zeit!“

Ihre

Jelena Altmann

Jelena Altmann

Inhalt

Editorial 3

Familie und Alltag 6

Nesthäkchen hatte nicht nur Vorteile 8
Wäschewaschen dauerte zwei Tage 10
Ein ganzes Brot wog drei Kilogramm 11
Brille in der Graupensuppe mitgekocht 12
Mit der Zicke zum Bocke 14
Jedes Kind hatte im Haushalt Aufgaben 16
Chic gemacht für den Fernsehabend 18
Elektrisches Licht zur Hochzeit 20
Das Klingeln vom Eismann hörte man von Weitem 21

Abenteuer auf dem Land 22

Das Dengeln habe ich heute noch im Ohr 24
Weißer Sand vermittelt Strandgefühle 26
Wir spannten die Kuh vor den Wagen 28
„Diesen Weg haben wir gepachtet“ 30
Die Kinder riefen: „Onkel, eine Rübe!“ 32
Zum Telefonieren in den Gasthof 34
Ziegen in Kleidchen und Turnhose 36
Von der Handelsschule zum Bauernhof 38

Abenteuer in der Stadt 40

Die große Welt war bei uns zu Gast 42
Straßenbahnfahrer ließ uns fahren 44
Im Cowboykostüm zum Polizeirevier 46
Heimlich in die Stadt zum Shoppen 47
Mein Leben in der Gartenstadt 48
Der Butjer mit dem Taschenmesser 50
Das Geld wanderte über die Köpfe hinweg 52
Wunderbar kostümiert und geschminkt 53
Der Laubberg war unser Spielplatz 54
Er sprang nachts ins Hafenbecken 56

Einfallsreich in der Not 58

Schrott sammeln für eine Kinokarte 60
Das Schweinefleisch im Kinderwagen 62
Ein Ferkelchen namens Peter 63
Fürs Ausführen gab es zehn Pfennige 64
... anschließend hatten wir die Krätze 66
Die seidenen Strümpfe 67
Große Freude, wenn „Brigitte“ kam 68
Zum Kohlenklau auf das Trägerfeld 70

Feste und Vergnügen 72

Der Mann mit dem gewaltigen Bart 74
Aus Aktentasche wurden neue Schuhe 76
Ich durfte Lüttje Lagen probieren 78
Und am Wochenende ging‘s ins Hozo 80
Kaffeebohnen im Pudding suchen 81
Wenn sich Düfte malen ließen 82
Mit Briketts zur Tanzstunde 84
Schwofen auf dem Hof 85
Sirup-Kekse zu Weihnachten 86

Schule und Arbeit 88

Kein Mantel aus Wolldecken mehr 90
Hosen tragen für Frauen verboten! 92
Der Lehrer war eigentlich Gärtner 93
Strafarbeit am heißen Sommertag 94
Autos für Schmeling und Siedhoff 95
Lehrer kontrollierte die Reinlichkeit 96
Die Schulzeit auf dem Lande 98

Glück und Unglück 100

Vornehmer Herr spendiert Fahrkarte 102
Explosion im Nachbargarten 104
Die Vesper war restlos gestohlen 106
Reparaturkosten: zwei Kilo Aal 107
Arbeiterbus verpasst 108
Feuer mit Erbsensuppe gelöscht 110
Wortlos im Kuhfladen versunken 111
Freundschaft mit „lebendiger Praline“ 112
Es gab einen gewaltigen Knall 114

Krieg und Nachkriegszeit 116

Das „Semikolon“ im Gesicht 118
So also sah der Feind aus! 119
Die Kochzeit war vorgeschrieben 120
Das Monstrum kam in Einzelteilen 122
Meine Mutter buddelte in dem Geröll 123
Häuser brannten lichterloh 124
Wir nannten es „Räuber und Schande“ 126
Auf der Flucht nach Westdeutschland 128
Frierend unter der Riede-Brücke 130

Ferien und Freizeit 132

Was spielen wir heute? 134
Großer Tag: Als Fredi gegen Pelé spielte 135
Vorm Wettkampf wurde der Wald gefegt 136
Rotkäppchen und der liebe Schäferhund 138
Mit vier Jahren allein auf Bahnreise 139
Mein Kindersommer 140
Ein Badenachmittag im Großen Garten 142
Ernas Auftritt war der Höhepunkt im Badbetrieb 143
Camping in Italien 144
Vater bekam immer das dickste Stück 146

Impressum 148

Familie und Alltag

Der Familienalltag bestand früher oftmals aus harter Arbeit. Ob Kinder oder Erwachsene, alle mussten mit anpacken, um die Aufgaben zu bewältigen. Das stärkte aber auch den Zusammenhalt.

Nesthäkchen hatte nicht nur Vorteile

*Das Geld war in vielen Familien in den sechziger Jahren knapp. Neue Anschaffungen mussten gut überlegt sein. Weil **Lilian Delic** das jüngste Kind war, musste sie zu ihrem Leidwesen die Sachen ihrer älteren Schwester anziehen.*

Lilian Delic aus Langenhagen

Geboren: 1957 in Hannover
Interessen: Lesen
Beruf: Beamtin

Wir waren sieben Kinder zu Hause, ich das Nesthäkchen Lili. Das Geld war zwar immer knapp, aber wir Kinder hatten viel Spaß und ein schönes Zuhause, auch wenn unser Vater sehr streng war. Unsere Mutti hat das alles ausgeglichen.
Wie gut erinnere auch ich mich an den Waschtag im Keller. Und nie werde ich den herrlich frischen Duft der Wäsche auf dem Trockenboden vergessen, ein wunderbarer Ort zum Spielen. Aber auch zum Gruseln zwischen den großen weißen Bettlaken. Die Holzwäscheklammern habe ich heimlich gemopst, man konnte tolle Sachen damit basteln. Draußen spielten wir Mädels Gummitwist, das Gummiband sammelten wir aus alter Unterwäsche.
Wenn mein Bruder Arthur knapp bei Kasse war, schnappte er sich den schweren Staubsauger, ein lautes Monstrum mit einer selbst gehäkelten Wollkappe zum Schutz des Motors, und rannte damit hinter mir her durch die Wohnung, so lange, bis ich ihm eine kleine Mark schenkte, so nannten wir damals das silberne Fünfzig-Pfennig-Stück. Ich hatte nämlich eine mordsmäßige Angst davor, dass dieses Ungetüm mich einsaugen würde.

Ich musste oft ein Modell mehrere Jahre tragen

Meine Mutter konnte sehr gut stricken und nähen, und so wurden

Lilian Delic (links) und Schwester Kiki haben die gleichen Strickjacken an.

meine Schwester Kiki und ich mit Handarbeit neu eingekleidet. Noch gut erinnere ich mich an eine Strickjacke, weinrot mit grünem Rand und goldfarbenen Knöpfen. Wir bekamen, wie so oft, beide das gleiche Modell, damit es keinen Streit zwischen uns gab. Da ich als Jüngste die Sachen von Kiki auftragen musste, war es oft so, dass ich ein Modell mehrere Jahre tragen musste, auch die Faltenröcke, sehr zu meinem Leidwesen. Nesthäkchen zu sein hatte nicht nur Vorteile. Aber immerhin, ich brauchte die ekelige Haut vom Sonntagshuhn nicht zu essen.

Lilian Delic hat drei Schwestern und drei Brüder. Sie war die Jüngste in der Großfamilie.

Selbst gestrickte Socken erinnern mich heute noch an meine schöne Kindheit

Mit der Zeit wurde es immer stiller zu Hause, meine Geschwister wurden flügge, und ich blieb allein zurück. Zu Weihnachten jedoch waren wir zusammen. Mein ältester Bruder Büb brachte für alle kleine Geschenke, und der Duft von selbst gebackenen Lebkuchen erfüllte die Wohnung. Meine Mutti strickte Socken für uns, auch noch bis ins hohe Alter von über 80. Heute ist sie 91 Jahre alt, ihre Hände sind müde geworden. Aber sie liest noch heute jeden Tag die Zeitung. Sie ist immer auf dem Laufenden. Zu Hause bei mir im Schrank steht ein Korb voll selbst gestrickter Socken, anziehen mag ich sie nicht, aber die bunten, aus Restwolle gestrickten Zehenwärmer sehen lustig aus und bleiben als Erinnerung an meine schöne Kindheit.

Wäschewaschen dauerte zwei Tage

Als es noch keine Waschmaschinen gab, war Wäschewaschen wie alle Aufgaben im Haushalt schwere Arbeit. Alleine war das kaum zu schaffen. ***Ruth Büschke*** *half als Mädchen ihrer Mutter dabei.*

Ruth Büschke neben ihren Geschenken zu ihrem ersten Geburtstag.

Ruth Büschke aus Ronnenberg

Geboren: 1931 in Schlesien
Interessen: Stricken, Urenkel
Beruf: Hausfrau

Unsere Waschtage gingen über zwei Tage. Am ersten Tag wurde eingeweicht. Am zweiten Tag wurde unter dem Kessel Feuer gemacht. Meine Mutter, die mit 27 Jahren eine Lähmung bekam und ihr Leben lang auf Krücken ging, stand am Kessel. Das ganze Waschhaus war voll Brieden*, aber sie wich nicht. Meine Mutter stand auf ihren Krücken und rührte mit der Keule, bis die Wäsche bald überkochte. Unsere Magd musste die Wäsche in die Bütte** geben, aber waschen tat meine Mutter wieder selbst, im Sitzen auf dem Waschbrett. Aufhängen musste die Magd im Garten. Wenn die Wäsche trocken war, musste ich helfen, sie abzunehmen. Sie kam in große Waschkörbe. Dann ging es in die Küche zum Wäscheziehen. Die Arme waren noch nicht lang, da fiel schon mal eine Ecke aus der Hand.

Im Kinderzimmer lagerte die handgetriebene Rolle

Im Kinderzimmer stand eine handgetriebene Rolle. Wir drei Kinder mussten die Kurbel drehen. Mutter saß davor und legte alles zusammen. Sie war stolz, als alles fertig war, überhaupt auf ihre schöne weiße Bettwäsche mit eingesticktem Monogramm.

**schlesisch für Dampf, **Wanne.*

Ein ganzes Brot wog drei Kilogramm

Einmal im Monat war in der Familie von ***Waltraud Dettmering*** *Backtag. Dann wurden sieben Brote und vier Blechkuchen in den großen Ofen geschoben. Als kleines Mädchen half sie mit, das Feuer zu machen.*

Ich erinnere mich an die Zeit des Brotbackens in unserem Backofen im Backhaus des Hauses. Jeden Monat wurde bei uns zu Hause einmal frisches Brot und Blechkuchen gebacken. Dazu musste ich als Kind zur Genossenschaft und mit einem Handkarren einen halben Zentner Roggenmehl einkaufen. Vom Bäcker holten wir uns Sauerteig und Hefe. Bevor das Backen nun losging, machte meine Oma am Tag vorher einen großen Vorteig, der im warmen Zimmer eine Nacht reifen musste.

Ich schichtete Holzscheite nach Anweisung auf

Nun legten wir in unserem Backofen auf besondere Weise ein Feuer an. Es musste eine große Hitze werden. Wir backten meistens sechs bis sieben Brote und vier Blechkuchen. Dazu kletterte ich als Kind in den Backofen. (Der Backofen war ein kleines Häuschen mit Dach und einer großen Blechtür). Meine Oma reichte mir dicke Holzscheite, die ich nach Anweisung aufschichtete. In der Mitte musste eine Lücke bleiben, hier kam Stroh hinein, zum Anzünden der Scheite. Wenn alles Holz verbrannt war, hatte meine Oma einen großen Holzschieber, womit sie die Glut aus dem Ofen zog. Die Hitze war jetzt perfekt, um die großen Brote in den Ofen zu schieben. Ein Brot wog drei Kilogramm.

Waltraud Dettmering als kleines Mädchen hinter ihrer Pflegeschwester auf dem Dreirad.

Erst wenn das Brot fertig war, kam der Blechkuchen an die Reihe. Wir belegten ihn in der Zwischenzeit mit leckerer selbst gemachter Butter und Äpfeln, die wir in unserem Apfelgarten geerntet hatten.

Waltraud Dettmering aus Neustadt

Geboren: 1955 in Hannover
Interessen: Blumen züchten, Garten, Kochen, Backen
Beruf: Landfrau

Brille in der Graupensuppe mitgekocht

In den vierziger und fünfziger Jahren hatten es Alleinerziehende im Alltag schwer. Bei ***Ursula Falke*** *ist ihre resolute Oma eingesprungen. Eine erlebnisreiche Zeit für das junge Mädchen, in der auch mal Jungs verscheucht wurden.*

Als mein Vater 1949 starb, war ich sechs Jahre alt, meine Schwester sieben Jahre und die Jüngste drei Jahre alt. Meine Mutter, meine verwitwete Oma Elfriede und wir drei Mädchen mussten nun sehen, wie wir allein zurechtkamen.
Gekocht wurde auf einem alten Kohleofen. Dort wurden auch Ziegelsteine erhitzt und im Winter ans Fußende der Betten gelegt, wenn an den Fenstern Eisblumen blühten. Das Holz holten wir Kinder aus dem Wald, Briketts brachte der Kohlenmann, der ganz schwarz aussah. Oma kochte jeden Tag, meist Eintopf. Nur sonntags gab es Vorsuppe und Braten mit Kartoffeln und Soße und anschließend Pudding mit Erdbeeren und Eischnee. Einmal hat Oma ihre Brille aus Versehen in der Graupensuppe mitgekocht. Das verformte Gestell fand sich auf meinem Teller wieder.

War der Kuchen nicht gelungen, war Oma nicht mehr ansprechbar

Als einmal ein Küchenhandtuch Feuer gefangen hatte, hat die Oma es mit einem Topf Erbsensuppe gelöscht. Sonnabends wurde Hefekuchen gebacken. Wenn der Kuchen „nicht gelungen" war, durften wir Oma nicht ansprechen, der Tag war gelaufen. Einmal setzte ich mich auf den fertigen Kuchen, der zum Abkühlen auf einem Hocker stand. Weil ich nicht aufgepasst hatte, musste ich zur Strafe mit einer Haarnadel kiloweise Kirschen entsteinen.
Sonntags zogen wir gebügelte Kleider an und gestickte weiße Strümpfe, ein Leibchen und Lackschuhe. Meine Oma legte eine eiserne Brennschere in die Glut des Ofens, um sich ihr Haar zu wellen. Meist war die Schere zu heiß und die Haare waren gelb, braun und gebrochen. Es roch furchtbar. Dann ging sie in die Kleefelder Lichtspiele durch die Eilenriede.

Dann kam der Kochlöffel zum Einsatz, der so manches Mal zerbrach

Als meine Mutter wieder Arbeit bei einem Steuerberater fand, musste Oma allein mit uns fertig werden. Waren wir zu frech, bekamen wir Schläge mit dem großen Holzlöffel. Dann rannten wir um den runden Tisch in der Küche herum, die Oma hinterher. Plötzlich schob sie den Tisch an die Wand, und wir waren eingeklemmt. Dann kam der Kochlöffel zum Einsatz, der so manches Mal dabei gebrochen ist.
Auch meine Mutter hatte es nicht leicht mit Oma. Als sie einmal einen Verehrer hatte, der ums Haus herumschlich, lauerte Elfriede ihm auf und haute ihm eine Bratpfanne auf den Kopf. Später, als wir circa 13 und 14 Jahre alt waren, sammelten sich Gruppen von Jungs vor unserem Haus und alberten herum.

Ursula Falke
aus Hannover

Geboren: 1943 in Hannover
Interessen: Kochen, Radfahren, Reisen
Beruf: Krankenschwester

Ursula Falke (rechts) lebte mit ihrer Oma, Mutter und ihren beiden Schwestern Jutta und Bärbel in der Kolonie Eilenriede I., bis die Familie eine Wohnung zugewiesen bekam.

Meine Oma lief auf die Straße, breitete die Arme aus und rief: „Weitergehen, weitergehen, hier gibt's keine Mädchen."
Wenn meine Mutter mit ihrer Freundin zum Tanzen ausging (in die Hahnenburg), dann ging Oma schon nach zwei Stunden zur Telefonzentrale in der Blindenanstalt und rief dort an. „Trude, komm sofort nach Hause, Ulla bricht", rief sie ins Telefon. Bis ans Lebensende behandelte sie unsere Mutter wie ein Kind, so war die Oma. Wir lebten noch lange mit Oma, die 90 Jahre alt wurde, in der Kolonie Eilenriede I. Bis wir durch den Lastenausgleich in eine Neubauwohnung nach Letter zogen.

Mit der Zicke zum Bocke

*Im Winter lief **Erika Märtin** aus Gifhorn in ihrer Jugend Schlittschuh auf der Aller. Im Sommer badete sie an dem Fluss in einer Badeanstalt, die es damals dort gab. Und manchmal musste sie auch die Zicke zum Bocke führen.*

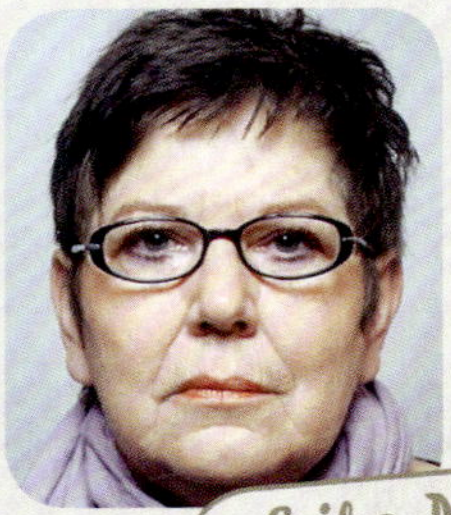

Erika Märtin
aus Gifhorn

Geboren: 1949 in Gifhorn
Interessen: Natur, Garten, Sauna, Menschen
Beruf: Einzelhandelskauffrau

Ich bin in der Lindenstraße in Gifhorn geboren. Meine Oma war Kriegswitwe und hatte das alte Haus in der Lindenstraße gekauft.
Ich hatte noch drei Geschwister, und meine Mutter arbeitete bei Milch-Wolter – sie sind mit dem Pferdewagen durch die Straßen gefahren und haben Milch verkauft. Wir hatten viele Zimmer im Haus, aber sie waren alle untervermietet. Irgendwie mussten wir ja überleben. Ich habe bei meiner Oma im Bett geschlafen und die anderen drei im Bett daneben. Einen Ofen gab es in dem Zimmer nicht. Und im Winter waren lauter Eisblumen am Fenster.
Jeden Abend hat meine Oma uns die gleichen Geschichten erzählt und uns Puppen aus Taschentüchern geknotet, denn eine richtige Puppe hatten wir nicht.

Landleben pur: Erika Märtin auf dem Hof inmitten der Hühner.

Alle haben mich ausgelacht, wenn ich mit der Ziege durch die Stadt ging

Ich weiß noch, dass wir ein paar Ziegen und ein Schwein hatten. Mit der Ziege musste ich öfter durch die Stadt gehen und sie im Hängelmoor zum Bock bringen. Das mochte ich gar nicht, denn sie haben mich alle ausgelacht und „Die Zicke muss zum Bocke – zum Bocke muss sie hin“ gesungen. Dabei wusste ich gar nicht, was die da gemacht haben, weil ich nicht über den Zaun gucken durfte.
Unser Klo war draußen auf dem Hof – mit Zeitungpapier und einem fürchterlichen Gestank. Wenn die Grube voll war, mussten wir sie leer tragen und alles mit Eimern in den Garten gießen.

Trotzdem hatten wir viel Spaß. Im Winter waren jedes Jahr die Allerwiesen überschwemmt. Und wenn dann das Eis dick genug war, konnten wir mit Schlittschuhen bis zum Jägerhof fahren. Dort gab es einen kleinen Kaufraum mit Süßigkeiten. Den führte ein altes Ehepaar, das einen alten Papagei hatte, der uns immer mit einem „Hast du schon bezahlt?“ begrüßte.

Wir spielten Eishockey und probten Kürlaufen. Leider hatten wir mit vier Kindern nur zwei Paar Schlittschuhe, und die Zeit war genau eingeteilt. Das gab oft großen Streit. Aber das mussten wir unter uns ausmachen. Petzen oder Heulen gab's nicht. Sonst durften wir am nächsten Tag alle nicht aufs Eis.

Manch Hintern hatte auf der Rutsche schöne Blessuren davongetragen

Für mich war der Sommer immer ganz toll. Wenn ich fertig war mit dem Ausstechen der Karotten, die wir zentnerweise von der Konservenfabrik holten und dann fertig wieder ablieferten, durften wir zum Baden. Die alte Badeanstalt war an der Aller. Dort hatte man eine größere Mulde ausgebaggert, etwas vertieft und mit einer Rutsche ausgestattet. Leider hatte sich das Blech, mit dem die Rutsche ausgestattet war, verbogen, und es war verrostet. Manch Hintern hatte schöne Blessuren davongetragen. Und manche Badehose musste Federn lassen. Aber der Spaß war größer.

Solche Geschichten sind immer unser beliebtester Gesprächsstoff, wenn wir Geschwister zusammen sind. Und wir sind immer wieder der Meinung, dass das trotz aller Entbehrungen, Armut und viel Arbeit die schönsten Jahre unserer Kindheit waren. Wir möchten diese Zeit niemals missen. Heute geht es uns allen gut. Aber uns hat auch dieses Leben dabei viel geholfen, dass wir so sind, wie wir sind: Nachkriegskinder, die noch heute in Gifhorn leben und gern an alle diese Geschichten zurückdenken.

Blondes Mädchen in Lackschuhen: Erika Märtens (M.) beim Kinderschützenfest 1954.

Jedes Kind hatte im Haushalt Aufgaben

Schuhe putzen, Kohleofen anheizen, Frühstücksbrote schmieren – in der fünfköpfigen Familie von ***Renate Hohnwald*** *hatte jeder etwas zu tun. Zum Spielen und für lustige Familientreffen war auch reichlich Zeit.*

Wir waren drei Kinder: Meine Schwester (1944), mein Bruder (1945) und ich, Jahrgang 1949. Meine Eltern kamen von „drüben" nach Hannover und bekamen – nach einigen Zwischenstationen – 1951 vom Wohnungsamt eine Zweizimmerwohnung zugewiesen. Wir Kinder schliefen in doppelgeschössigen Betten in der kleinen Kammer, im Wohnzimmer gab es eine Ausziehcouch für meine Eltern. Jeden Abend wurde das Bett „gebaut". Das Familienleben spielte sich also in dem kleinen Wohnzimmer ab, im Winter wurde der Kohleofen geheizt. Meine Mutter ging den ganzen Tag zur Arbeit in einer Druckerei, das war ein anstrengender Job, oft im Akkord und auch samstags.

Renate Hohnwald (Zweite von links) mit ihren Freundinnen Marlis, Karin und Bärbel.

Statt in den Kindergarten zur Heilsarmee in eine Baracke

Also halfen wir Kinder im Haushalt mit: Mein Bruder war unter anderem im Winter für den Kohleofen zuständig; die Asche wurde entfernt, das Anmachholz und die Kohlen aus dem Keller hochgetragen. Meine Schwester putzte und hatte als Älteste die Verantwortung, dass auch alles klappte mit uns. Jeder hatte einen Hausschlüssel am Band. War auch alles abgeschlossen? Der Herd ausgeschaltet? Die Fenster zugemacht? Morgens vor der Schule musste sie mir Zöpfe flechten, was immer eine Tortur war, für beide, denn ich brüllte, wenn es ziepte, und sie musste mich ertragen. Ich ging damals, weil ich noch nicht drei Jahre alt war und kein Kindergarten mich nahm, zur Heilsarmee in eine Baracke an der Celler Straße. Das habe ich gehasst, schon wenn man morgens reinkam, roch es nach Milchsuppe mit Nudeln, und mittags mussten wir auf Pritschen schlafen. Ich sehnte meine Einschulung herbei und lernte schon zu Hause lesen und schreiben.

Mit den Kindern aus der Nachbarschaft spielten wir nachmittags draußen am liebsten auf den damals noch überall existierenden Trümmerhaufen. Das war natürlich verboten. Aber es war auch immer aufregend, und außerdem sammelten wir dabei oft Alteisen, Nägel, was wir so fanden, und brachten es zu dem Schrotthändler am Ende der Straße. Die paar Groschen reichten dann für ein Brausepulver oder Salmiak-Pastillen. Manch ein Glückspilz besaß einen Roller mit Gummirädern, da war man ganz glücklich, wenn man fahren durfte. Aber Rollschuhe waren auch sehr beliebt, die hatten noch Eisenrollen und machten auf dem Pflaster einen Höllenlärm, sodass sich die Nachbarn beschwerten. Außerdem wurden sie mit Schrauben an den Schuhen befestigt, das hinterließ Spuren und wurde von unseren Eltern natürlich gar nicht gern gesehen. Aber wir hatten ja auch noch Murmeln, das ging immer und störte keinen. Am liebsten die schönen bunten aus Glas, die wurden eingetauscht für viele billige aus Ton. Seilhüpfen, Versteckspielen, Völkerball, Hauptsache draußen. Im Winter konnte man lesen und malen. Fernsehen war ja noch unbekannt,

aber gelangweilt hat sich niemand. Und dann waren ja auch noch die Schularbeiten!
Abends mussten wir natürlich pünktlich zu Hause sein, wehe man kam zu spät, da gab es ein Donnerwetter. Meine Mutter kochte jeden Tag nach der Arbeit ein Essen; einfache, gute Hausmannskost, die uns immer geschmeckt hat. Sonntags gab es Fleisch; die Mahlzeiten waren für uns ein Höhepunkt. Die Familie war beisammen, und es wurde berichtet, wie der Tag war, was es Neues auf der Arbeit und in der Schule gab. Es wurde auch besprochen, was als Nächstes zu tun war, die Aufgaben klar verteilt: Vater und Bruder waren für das Schuheputzen zuständig (ganz wichtig!), Mutter und wir Mädchen wuschen ab, und dann wurden die Frühstücksbrote für den nächsten Tag geschmiert, für fünf Leute!
In den Sommerferien gingen wir zu Fuß zum Lister Bad. An heißen Tagen verbrachten wir den ganzen Tag dort, tummelten uns im Wasser und spielten Ball auf der Wiese. Mittags gab es für einen Groschen Buttermilch und ein mitgebrachtes Butterbrot. Da habe ich auch so manchen Sonnenbrand mit nach Hause gebracht.

Opa trank gerne ein Schnäpschen, dann wurde er immer lustiger

Wenn meine Eltern Urlaub hatten, kamen oft Oma und Opa aus der DDR zu Besuch. Sie waren ja schon Rentner und durften ausreisen. Ich erinnere mich noch gut an den beißenden Geruch, der all ihren Sachen anhing; das Desinfektionsmittel aus dem Zug? Die alten Leutchen freuten sich und schwärmten, wie schön es bei uns war. Und wie traurig und trist es bei ihnen sei, und was es alles nicht gab. Mein Opa sprach noch Plattdeutsch, und ich verstand nur die Hälfte. Er hatte oft Kautabak im Mund, und er trank gerne ein Schnäpschen, dann wurde er immer lustiger. Ich erinnere mich an seine großen, schwieligen Hände, denn er kam vom Land und hatte sein Leben lang hart gearbeitet. Wir Kinder mochten ihn sehr. Meine Eltern schickten natürlich zu Weihnachten viele Päckchen an sämtliche verbliebenen Angehörigen in den Osten. Auch wurden regelmäßig Briefe geschrieben und die Antworten laut vorgelesen, so waren wir also trotz der Trennung immer verbunden und wussten, was hier und dort geschah.

Renate Hohnwald aus Isernhagen

Geboren: 1949 in Laucha an der Unstrut
Interessen: Malen
Beruf: Sekretärin

Chic gemacht für den Fernsehabend

*Der Vater von **Etteline Janssen-Behn** überraschte die Familie mit einem Fernsehgerät – so einen Luxus besaßen damals nur wenige. Fortan wurden Abende vor der Flimmerkiste mit Nachbarn und Schnittchen zu einem festlichen Ereignis.*

Etteline Janssen-Behn aus Hannover

Geboren: 1955 in Langenhagen
Interessen: Lesen, Familie, Kinder
Beruf: Erzieherin

Mein Vater, ein sehr an neuer Technik interessierter Mann, machte plötzlich andauernd Überstunden. Erst fiel das nicht so auf, denn gut zu tun hatte er eigentlich immer. Aber nun arbeitete er bis spät in die Nacht und war nur noch sonntags zu Hause. Dann aber wollte er nur noch seine Ruhe haben. Da in der Zeit der Vater das absolute Oberhaupt der Familie war (er bekam selbstverständlich auch immer das größte Stück Fleisch beim Mittagessen) wurde seine Entscheidung auch nicht hinterfragt. Das war eben so. Die Mutter und erst recht die Kinder hatten das so hinzunehmen und nicht zu diskutieren.
Bald jedoch fing die Nachbarschaft an zu tuscheln, dann zu sticheln, und meiner Mutter waren die ewigen Überstunden schon ein bisschen unangenehm, da sie davon trotzdem kein „Mehr“ in der Haushaltskasse hatte. Sie bekam jeden Freitag aus der „Lohntüte“ 70 DM für die Kosten der laufenden Woche als Haushaltsgeld, und das bei einem vierköpfigen Haushalt!
Dann – eine Woche vor ihrem Geburtstag –, mitten am frühen Nachmittag, hielt ein Lieferwagen vor unserem Haus. Auch mein Vater kam auf seinem alten Fahrrad angeradelt – er hatte sich von der Firma freigenommen. Zwei Herren in weißem Kittel mit Hut auf dem Kopf hoben einen braunen Karton aus dem Auto. Er hatte die Größe eines kleinen Schranks. Sie brachten das Paket in unsere Wohnung und stellten es im Wohnzimmer ab. Aus dem braunen Paket schälten sie – einen Fernsehschrank. Das neueste Modell vom Markt!

Der absolute Luxus! Meine Mutter war sprachlos

Der Schrank maß einen Meter fünfzig in der Höhe und war sehr kompakt. Polierter Kirschbaum mit zwei Türen, Schloss und Schlüssel. Öffnete man die Türen, sah man oben den Bildschirm, darunter unter Stoff den Lautsprecher. Unten am Bildschirm war die Starttaste, rechts und links die Drehknöpfe für den Ton. Rechts außen an der Außenwand des Gerätes befand sich ein Drehknopf für die Senderwahl. Der absolute Luxus!

Die sechsjährige Etteline auf dem Fahrrad vor dem Haus der Familie.

Meine Mutter war sprachlos. Die Herren richteten noch die Zimmerantenne auf der Fensterbank aus, erklärten meinem Vater die Automatik und verließen uns mit je zwei DM Trinkgeld in der Tasche.
Von diesem Tage an waren wir in unserer Straße sehr beliebt. Ich durfte donnerstags eine halbe Stunde „Kinderprogamm“ sehen. Mehr wurde sowieso nicht ausgestrahlt. Jeweils eine gute Freundin durfte mitgucken, und wir fühlten uns über den Rest der Welt sehr erhaben.

Es war aufregend, im Sonntagskleid den Nachbarn die Tür zu öffnen

Meine Mutter musste nun sehr oft am Samstag einen großen Teller „Schnittchen“ bereiten. Geviertelte Brotscheiben mit Belag, dazwischen dekorativ gelegte Gurkenscheibchen. Punkt halb acht klingelten dann die Freunde meiner Eltern an der Haustür. Sie kamen zum Fernsehabend. Die Herren im schwarzen Anzug, die Damen im Gesellschaftskleid. Sie brachten Blumen oder Wein mit. Dann nahmen sie im Wohnzimmer in den „Cocktailsesseln“ Platz und bissen zierlich von den Schnittchen ab. Um 20 Uhr wurden alle Lichter gelöscht. Man bestaunte im Dunklen den Samstagsfilm oder – als besonderes Highlight – Hans Joachim Kulenkampff mit „EWG“. Gegen 22.30 Uhr trennte man sich wieder mit dem Gefühl, einen schönen und ausschweifend langen Abend genossen zu haben. Mit der Zeit und der zunehmenden Menge der Fernseher in unserer Nachbarschaft verschwanden diese Abende, aber ich habe bis heute nicht vergessen, wie aufregend es für mich war, im „Sonntagskleid“ den Nachbarn die Tür zu öffnen und mit einem „Knicks“ das eine oder andere Mitbringsel – meist für uns Kinder die so seltene Schokolade – in Empfang zu nehmen.

Etteline Janssen-Behn mit ihrer Oma 1961 am Flughafen Berlin-Tempelhof.

Elektrisches Licht zur Hochzeit

***Helga Surburg** ist mit ihren Geschwistern außerhalb von Alvesse aufgewachsen. Es gab weder Strom, fließendes Wasser oder Badezimmer – und alle mussten aufs Plumpsklo. Zu Fuß hatte sie zwei Kilometer bis zur Schule zurückzulegen.*

1950 wurde ich außerhalb der Ortschaft Alvesse auf der Papenhorst geboren. Es gab weder Strom, fließendes Wasser oder Badezimmer – also Plumpsklo.
Mit meinen beiden Geschwistern bin ich sehr einsam aufgewachsen. Jeden Tag bin ich zwei Kilometer – an Wäldern vorbei – zu Fuß zur Schule gegangen.
Im Winter wurden zuerst die Dorfstraßen mit dem von Pferden gezogenen Schneepflug geräumt, erst dann war unser Feldweg dran. Also musste ich immer durch den hohen Schnee gehen.

Helga Surburg als Schulmädchen.

Geboren: 1950 in Papenhorst
Interessen: Gartenpflege, Kochen/Backen, Nordic Walking, Sport-Gymnastik im Verein und Radfahren in der Natur
Beruf: Hausfrau und Oma

Es gab keinen Fernseher und kein Radio, also haben wir gespielt

An den Abenden haben wir zur Beleuchtung immer eine Petroleumlampe auf den Tisch gestellt – das hat ordentlich gestunken. Es gab keinen Fernseher und auch kein Radio, also war „Mensch ärgere Dich nicht“ oder lesen angesagt.
Im Bett lag ein warmer Schamottestein in Zeitungspapier eingewickelt, und an den Fenstern waren Eisblumen.

Im Sommer haben mein Bruder und ich im Wald Buden gebaut und die Hühner im Kinderwagen spazieren gefahren.
Meine ältere Schwester hat 1958 geheiratet. Am Polterabend haben Jugendliche mit einem angespitzten Stock durch das Speisekammerfenster einige Schnitzel gemopst, die für die Hochzeit bestimmt waren. Diese wurden dann bei unserem einzigen Nachbarn (800 Meter entfernt) gebraten und verzehrt. Andere hatten mit einem dicken Kürbis Fußball gespielt, und mein Bruder hat bitterlich geweint.

Die Unterbrechung wurde mit einem Schnaps „freigekauft“

Einen Tag später wurde die Hochzeit in der geschmückten Scheune gefeiert. Für elektrisches Licht wurden zu dem Nachbarn mehrere lange Kabel verlegt. Als die Hochzeitsfeier in vollem Gange war, wurde es plötzlich dunkel.
Die ortsansässigen jungen Leute wollten uns einen Streich spielen. Die Unterbrechung wurde mit Schnaps „freigekauft“, die Verbindung wieder hergestellt, und alle feierten fröhlich weiter.
Das war das einzige Mal, dass wir elektrisches Licht hatten, somit habe ich eine ganz andere Kindheit verbracht.

Das Klingeln vom Eismann hörte man von Weitem

*Eis gab es in den fünziger Jahren nur im Sommer. **Regine Lott** hat sich an einem heißen Sommertag ein paar Groschen verdient, um sich hinterher zwei Kugeln der kühlen Köstlichkeit zu gönnen.*

Heute kann man das ganze Jahr über Eis kaufen und essen! In den Jahren 1957 und 1958 gab es nur im Sommer Eis. Eine Kugel kostete damals zehn Pfennig und war in einer Muschelformwaffel.
Wir wohnten im Dorf Ehlershausen, und einmal in der Woche im Sommer kam der Eismann. Er hieß „Talamini", das weiß ich noch genau, und die Klingel vom Auto hörte man schon von Weitem. Ich bekam von meiner Mutter einen Groschen, und dann kaufte ich mir eine Kugel Zitroneneis. Eine Riesenfreude war es, wenn man sich zwei Kugeln kaufen konnte.

Zur Erntezeit habe ich eine Zinkwanne voll Erbsen ausgelöchelt

Für unsere Hauswirtin Frau Z. habe ich zur Erntezeit eine Zinkwanne voll mit Erbsen ausgelöchelt. Es war bei der Hitze als Kind kein Vergnügen, aber dafür habe ich 20 Pfennig bekommen. Für das Geld wurde dann in der nächsten Woche Eis gekauft, und Mutter musste mir kein Geld geben!
Es ist schon sehr eigenartig, aber auch heute noch esse ich nicht mehr als zwei Kugeln Eis, und das sehr selten.

Regine Lott als Mädchen an einem Sommertag 1958. Zitroneneis war ihre Lieblingssorte.

Regine Lott aus Hannover

Geboren: 1948 in Wunstorf
Interessen: Lesen, Garten, Fotografieren
Beruf: Bankkauffrau

Abenteuer auf dem Land

Das Leben damals auf dem Land hatte mit dem heutigen nicht viel zu tun. Statt mit Maschinen wurde mit viel Muskelkraft gearbeitet. Kinder erlebten dennoch eine schöne Kindheit zwischen Stall und Acker.

Das Dengeln habe ich heute noch im Ohr

Seine Kindheit verbrachte ***Wilfried Biester*** *oft bei seinen Großeltern im Gümmerwald, die Selbstversorger waren. Dort half er seinem Opa, Weiden für Körbe zu sammeln, Gras zu mähen und Heu zu machen. Einmal stahl ein Fuchs ein Huhn.*

Die Großeltern von Wilfried Biester lebten im Gümmerwald. Aus dem Fenster der Blockstelle schaut Opa Heinrich, der als Oberstellwerksmeister gearbeitet hat.

Wilfried Biester aus Letter

Geboren: 1943 in Hannover
Interessen: Rassegeflügelzucht
Beruf: Schriftsetzerlehrmeister

Für uns Großkinder war es herrlich, im damals verwunschenen Gümmerwald bei den Großeltern zu sein. „Im Gümmerwald", das ist heute Seelze-Dedensen, aus Richtung Hannover kommend von der B 441 hinter der Autobahnbrücke links. Es gab zu der Zeit ein Blockstellenwerk der Bahn im Gümmerwald, das schon vor Jahrzehnten dem modernen Stellwerk zum Opfer fiel. Direkt am Stellwerk im Wald standen auch zwei Wohnhäuser für die Bahnbeamten. Es waren Nebenerwerbsstellen. Für uns Kinder gab es dort Schweine, Ziegen, Hühner. Die Häuser sind heute noch bewohnt und sehen puppig aus. Jedenfalls wurden hier die Weichen gestellt Richtung Wunstorf-Minden und Gegenrichtung Hannover.

Oma stampfte aus Ziegenmilch Butter, sie schmeckte ziemlich streng

Mein Großvater war dort Oberstellwerksmeister. Er brauchte zur Arbeit nur ein paar Schritte zu gehen und konnte sein Anwesen mit Familie vom Stellwerk aus sehen. Außerdem konnte er wunderbar Körbe flechten, und manches Mal gingen wir Weiden holen, die dann eingeweicht wurden, und es entstanden stabile Kiepen* und Körbe. Großmutter saß oft am Butterfass und stampfte die Ziegenmilch so lange, bis es Butter war, die uns Kinder aber ziemlich streng schmeckte. Es gab im Gümmerwald Strom, aber Wasser musste von der Pumpe geholt werden. Im Winter war die Pumpe dick mit Jutesäcken und Stroh eingepackt, damit das Wasser nicht gefror.

Wegen einer Feier wurde vergessen, die Hühnerklappe zu schließen

Wie schön war es, mit Großvater an den Bahngleisen entlang Gras zu mähen und Heu zu machen, was im Bündel auf dem Rücken nach Hause gebracht wurde. Großvater konnte gut mit der Sense mähen, und das Dengeln habe ich heute noch im Ohr. Eines Tages hatte der Fuchs im Hühnerstall zugeschlagen, weil wegen einer Familienfeier vergessen wurde, die Hühnerklappe nachts zu schließen. Das war in der Nachkriegszeit schon ein großer Verlust. Denn man war ja Selbstversorger.

**Tragekorb*

Wilfried Biester 1950 im Gümmerwald mit einer Ziege.

Weißer Sand vermittelt Strandgefühle

*Beeren und Pilze sammeln, im Fluss mit Forellen baden und Wildkatzen beobachten – **Carola Duis** verlebte mit ihren Geschwistern in einem Dorf am Wald eine abenteuerliche und ausgelassene Kindheit.*

Carola Duis aus Uetze

Geboren: 1951 in Hannover
Interessen: Malen, Astronomie, Fotografieren
Beruf: Bürokauffrau

Unser Haus stand am Stadtrand von Hannover, mitten im Wald. Dahinter fließt die Wietze. Wir waren fünf Geschwister in einer erlebnisreichen Welt. Meitze heißt der Ort. Wir kannten noch Wildkatzen, Hirschkäfer und Salamander. Der Wald war voller Pilze und Beeren, und Feuerholz fanden wir genug. Nur die Stube wurde mit einem Kachelofen erwärmt. Bratäpfel und Esskastanien schmorten oft darauf, Eisrosen waren an allen Fenstern. Wir hauchten als Kinder Gucklöcher hinein, um raussehen zu können. Wollten die Meisen an der hängenden Speckschwarte sehen und Spuren im Schnee.

Unser Vater war Jäger und lehrte uns, wie Bäume heißen, welche Beeren essbar sind und wie die Tiere heißen, welcher Vogel gerade singt. Pirole flogen noch, und die Nachtigall hatte ihren Stammplatz auf der hohen Silbertanne vorm Haus. Mit Räucherstäbchen vor dem Schlafengehen vertrieben wir die Mücken, und zum Frühstück gab es frische Eier, gerade aus dem Stall geholt. Obst und Gemüse wuchsen im eigenen Garten. Gänse, Enten, Hühner, Schafe und ein Schwein liefen auf dem Hof herum. Im Salat frühmorgens auch mal ein Hase, nicht gerade zu unserer Freude. Die Wildkatze hatte es auf unseren Schinken auf dem Boden abgesehen, das fand Papa auch nicht gut.

1955 bekam ich ein Dreirad und nahm meine kleine Schwester hinten drauf mit, immer rund ums Haus. Sammelte Tannenzapfen im Bollerwagen für die Waschküche zum Anheizen. Im Winter war Waschen für sieben Personen mit der Hand eine Herausforderung. Wir Kinder halfen mit, die Wäsche zu wringen und zu spülen. Die Wäsche fror auf der Leine zu harten Brettern. Musste langsam auftauen, sonst wären die Sachen zerbrochen. Windeln mussten ja immer gewaschen werden und wieder trocken sein.

Drei Kilometer mit dem Rad durch den Wald zur Schule

1955 bekamen wir unser erstes Auto, einen Goliath. Bis dahin fuhr Vater mit dem Motorrad 30 Kilometer nach Hannover zur Arbeit, bei jedem Wetter. Meine Geschwister fuhren mit dem Rad drei Kilometer durch den Wald zur

Carola Duis ist auf diesem Foto fünf Jahre alt.

Carola Duis (Zweite von rechts) 1959 mit ihren Geschwistern an der Wietze.

Schule. Schnee räumte noch niemand auf den Straßen. Konnten sie nicht fahren, mussten sie laufen und bekamen Frostbeulen.

Nelly, unser Hund, zog uns mit dem Schlitten und spielte Verstecken mit uns im Wald. Einer hielt ihr Augen und Ohren zu, und doch fand sie uns alle. Neun Welpen hatte Nelly mal, und wir zogen ihnen unseren Puppenkleider an und Mützen auf. Fuhren sie im Puppenwagen spazieren, Vater hätte das ja nicht sehen dürfen.

Wir spielten mit Murmeln, Dominosteinen, malten mit Stöckern Bilder in den Sand der Straße, spielten Packen und Verstecken, mit dem Kreisel und unseren Puppen, fuhren mit dem Roller und mit dem Schlitten. Die Wietze wurde gerade begradigt, und der weiße Heidesand vermittelte uns Strandgefühle. Kleine Süßwassermuscheln und Blutegel sowie Forellen tummelten sich mit uns im Fluss. An großen Ameisenhaufen rannten wir mit unseren nackten Füßen schnell vorbei. Mich bissen sie immer!

„Meitzer Lutscher" war eine halbe Zitronenschale mit Zucker

Jeden Sonntag gab es selbst gebackenen Kuchen und Besuch aus der Stadt. Blaubeeren im Juni, Wassereimer voll, und Preiselbeeren deckten den Kuchen. Oder wurden eingekocht und zu Marmelade. Pilze trockneten wir, was nicht gegessen wurde. Das Schwein bekam auch Pilze, so viele gab es in den fünfziger Jahren im Meitzer Wald.

Mit dem Goliath fuhren wir nach Bad Pyrmont und gingen im Schlosspark spazieren. Dort blühten herrliche Rhododendren und Palmen, und Königin Sophie aus weißem Marmor sah wundervoll aus. Auch zur Tante nach Quakenbrück kamen wir nun bequem. Vorher fuhren wir zu viert auf einem Motorrad mit Beiwagen hin. Wir schliefen in Mamas Armen, und ihr schliefen während der langen Reise die Arme unter unserer Last ein.

Wir Kinder bauten uns Butzen im Wald aus Stöckern und füllten die Zwischenräume mit Moos aus. Auch die Sitzbänke waren aus Moos. Unser Tisch war ein alter Wehrmachtskanister. „Vater, Mutter, Kind" spielten wir dort. Mein Bruder fuhr auf dem Roller zur Arbeit. Wir bereiteten „Suppe" in einer alten Dose aus zusammengestampften Pilzen und Beeren. Serviert wurde auf Borkentellern, und unsere Löffel waren Stöckchen, und „Mutter" wurde immer gelobt – wie lecker das Essen war. Als Lampe diente eine halbe Pampelmusenschale auf einem Stock. Unser „Meitzer Lutscher" war eine halbe Zitronenschale mit Zucker. Aus dem Rest wurde Saft für uns statt Limo.

Weihnachten 1955 bekamen wir unseren ersten Fernseher. Saba schau ins Land, mit einem Schlüssel vorn zum Verschließen. Doch meine große Schwester kannte das Versteck im Schrank. Fernandel* war mal so gruselig, dass ich zu ihr mit unter die Decke wollte. Hatte Angst, allein zu schlafen.

Unser großer Garten war voller Früchte und Gemüse. Erbsenzeit war spitze! Wir stopften uns heimlich die Taschen randvoll und zogen uns in unser Kindergartenhaus zurück. Kichernd und voller Freude verputzten wir unsere Beute. Heimlich, dachten wir – Mama hatte es längst gesehen.

Wir hatten eine ausgelassene, schöne Kindheit. Es fehlte uns nichts.

** Schauspieler, bekannt in der Rolle als Don Camillo.*

Wir spannten die Kuh vor den Wagen

***Gisela Krüger** wuchs in dem Dorf Sudershausen auf, in dem damals fast jedes Haus eine „Feierabendlandwirtschaft“ betrieb. Auch ihre Eltern. Wenn Kartoffelernte war, mussten sie und ihr Bruder mithelfen. Vormittags gingen beide zur Schule, mittags brachten sie den Leuten das Essen aufs Feld. Nur Kaffeekochen klappte nicht so recht.*

Gisela Krüger aus Laatzen

Geboren: 1947 im Kreis Northeim
Interessen: Kochen, Haus und Garten, Walken
Erlernter Beruf: Damenschneiderin

Ich ging damals gerade in die sechste Klasse unserer Dorfschule. Wenn wir mittags nach Hause kamen, mussten wir uns umziehen und etwas essen. Mutter hatte uns Brote gemacht, die in der Speisekammer für uns parat standen. Einen Kühlschrank gab es damals noch nicht. Es konnte daher auch vorkommen, dass auf dem Brot Bewegung war – wenn sich ein dicker Brummer in die Speisekammer verirrt hatte.
Nun musste ich für unsere Leute, die auf dem Acker Kartoffeln rodeten, den Kaffee kochen. Wir Kinder sollten dann die Vesper zum Feld bringen. Ich kannte damals nur Malzkaffee: Lindes oder Kathreiner. Wie der zubereitet wurde, das wusste ich: Das Kaffeepulver wurde in kochendes Wasser gegeben, das man dann einmal aufkochen ließ. Anschließend wurde das Kaffeewasser durch das Kaffeesieb in die Kanne gefüllt. So machte ich das auch mit dem Kaffee, den meine Mutter bereitgestellt hatte.

Ich kannte damals noch keinen Bohnenkaffee

Was ich nicht wusste: Dieses Mal war es Kaffeepulver aus richtigen Kaffeebohnen. Und das kannte ich noch nicht. Mutter hatte die große Kiepe schon mit lauter leckeren Sachen gepackt, denn bei der Feldarbeit gab es immer gutes Essen: ein großer Laib Brot, Mettwurst, Dosenwurst, ein Glas Gurken, ein Topfkuchen und Fettkröppel*. Auch Bestecke, Kaffeebecher und eine gestickte Tischdecke kamen in den Korb. Ich musste den Kaffee noch in die große Steinkruke** einfüllen, die schon mit heißem Wasser vorgewärmt war.
Wir mussten uns beeilen, denn die Leute auf dem Felde hatten mittags

Gisela Krüger bei ihrer Einschulung im Jahr 1953.

Hunger. Wir luden nun alles auf unseren Kuhwagen und holten unsere Ella aus dem Stall. Das war so ein Akt für sich. Aber unser Opa August hatte uns das ja beigebracht. Die Kuh musste zuerst aufgeschirrt werden, das heißt, wir mussten ihr das Zuggeschirr auflegen, vom Kopfbrett bis zum Schwanzriemen, und sie dann rückwärts vor den Wagen bugsieren. Ein Kuhgespann führen, das konnten wir Kinder schon. Wir hockten auf dem Wagen, und wenn es nach links gehen sollte, dann musste man an dem Leitgespann kräftig ziehen und das Kommando rufen: „Hie komm her!" Sollte es nach rechts gehen, dann musste man mit dem Leitgespann kräftig klappen und das Kommando rufen: „Hotte weg!". Auf diese Weise kamen wir auch wirklich mit dem Gespann bei unserem Feld an.
Lange Reihen gefüllter Kartoffelsäcke standen schon dort. Die kleinen Kartoffeln für die Schweine waren schon in Säcke aussortiert, die mit einigen Spieren Kartoffelkraut gekennzeichnet waren.

Mutter rief erschrocken: „Was hast du denn da gekocht?"

Nun wurde erst einmal gevespert: Saubere Kartoffelsäcke wurden ausgebreitet, darüber die gestickte Tischdecke, auf der dann all die leckeren Sachen verteilt wurden. Mutter nahm die Kruke mit meinem Kaffee, die ich in eine Decke eingepackt hatte, und schenkte den Kaffee aus. Plötzlich rief sie erschrocken: „Mädchen, was hast du denn da gekocht? Der Kaffee ist ja so dünn, dass man die Zeitung dadurch lesen kann." Mein aufgekochter Bohnenkaffee schmeckte aber trotzdem allen. Es wurde etwas mehr Milch dazugekippt. Hauptsache man habe etwas Heißes zum Trinken, meinten alle.
Was auch nicht fehlen durfte, das war zum Schluss ein doppelter Korn. Unser Opa August hatte nebenbei das trockene Kartoffelkraut zusammengetragen und ein ordentliches Kartoffelfeuer angezündet. Für uns Kinder war das etwas ganz Tolles, denn wir durften uns in der Glut Kartoffeln garen, die wir zuvor auf einen Stock aufgespießt hatten. Das war ein Genuss! Um den Mund herum sahen wir Kinder aus, als hätten wir Kohle gegessen. Das störte uns aber nicht.
Abends kam der Nachbar mit Trecker und Anhänger, auf den alles aufgeladen wurde. Zu Hause wurden die Kartoffeln aus den Säcken über eine Kartoffelrutsche in das Kellerlager geschüttet. Die Säcke wurden am anderen Tag auf dem Hof im Regenwasser gewaschen und zum Trocknen über den Zaun gehängt, damit sie für das nächste Jahr wieder sauber waren.

Heute denke ich gern an diese Zeit zurück. Als Kinder wären wir damals aber lieber auf den Sportplatz oder zum Spielen zu unseren Freuden gegangen.

**eine Art Berliner ohne Marmelade*
***Steinkrug*

„Diesen Weg haben wir gepachtet“

*Wie viele Selbstversorger in der Nachkriegszeit besaß auch **Cord Knibbes** Familie Vieh. Es war seine Aufgabe, die Kühe von der Weide in den Stall zu holen. Dabei wurde es gar nicht gern gesehen, wenn die Tiere mal auf Nachbars Grund grasten.*

In der Nachkriegszeit mussten sich viele Familien selbst versorgen und hielten sich Nutztiere, auch Kühe.

Um den größten Hunger in den ersten Jahren der Nachkriegszeit abzuwehren, war Selbstversorgung mit möglichst vielen landwirtschaftlichen und gärtnerischen Produkten für jeden eine Lebensnotwendigkeit. Das bereitete den Menschen in den Städten natürlich weitaus größere Probleme als der Dorfbevölkerung. So hatte jede Familie bei uns in Bissendorf ihren Garten, in dem Gemüse, Kartoffeln und wenigstens Beerenobst angebaut wurden. Viele konnten sich Kaninchen halten, Gänse, Schafe oder Ziegen. Alle diese Tiere mussten natürlich ernährt werden, und deshalb wurden die Feldwege mit ihrem zum Teil üppigen Grasbewuchs öffentlich angeboten und gegen Entgelt vergeben. Eigentümer dieser Feldwege sind auch heute noch die Gemeinden und Realverbände/Verkopplungsgemeinschaften. Die jeweiligen Pächter ließen dann auf diesen Streifen ihre Ziegen und Schafe weiden, oder das Gras wurde mit der Sense abgemäht und zu Heu gemacht.

Seine Tiere hatten dort gute Weidegründe

Hermann Dettmers – er besaß eine Reparaturwerkstatt für Fahrräder, Motorräder und Autos an der Scherenbosteler Straße – hatte den Feldweg gepachtet, der seinem Hause gegenüber lag. Seine Tiere hatten dort gute Weidegründe. Heute verläuft an dieser Stelle die Straße Am Mühlenberg, die zur Schule, zur Zweckhalle und zum Sportplatz führt.

Die Kühe hatten es nicht besonders eilig. Mir war es recht

Wir – die Familie Knibbe – hatten so um 1950 herum zwei Kühe, die abends in den Stall geholt wurden. Das war meistens meine Arbeit, denn so ein 15-Jähriger, der auf dem Lande aufwächst, muss das können. Der kürzeste Weg von unserer Kuhweide nach Hause führte mich mit meinen Kühen immer über Dettmers Feldweg. Mag sein, dass unsere Weide schon ziemlich abgegrast war, mag aber auch sein, dass die Kühe es nicht sonderlich eilig hatten, in den Stall zu kommen. Sie blieben jedenfalls immer wieder mal kurz stehen und nahmen dabei hier und da eine Schnauze voll Gras auf.
Mir war's recht, wenn sich unser Heimweg in gemütlichem Tempo bewegte, man kann dann so schön seinen eigenen Gedanken nachhängen! Plötzlich stand Hermann Dettmers da und sagte in seiner feinen Art, höflich, aber bestimmt: „Du, Cord! Das muss ich dir sagen: Diesen Weg haben wir gepachtet!“ Ich hatte das wirklich nicht gewusst, entschuldigte mich und trieb nun meine Kühe an, schneller voranzugehen.

Geboren: 1935 in Bissendorf
Interessen: Imkerei, Wandern, verschiedene Vereinstätigkeiten, Sport
Beruf: Großhandelskaufmann

Die Kinder riefen: „Onkel, eine Rübe!“

*Als der Krieg ausbrach, zog **Lore Müller** mit ihrer Mutter von der Stadt aufs Land. Mit ihrer neuen Freundin Christa entdeckte sie eine ganz neue Welt – manchmal gab es auch Stubenarrest.*

Meine Eltern wohnten mit mir in Hannover, wo ich 1938 geboren wurde. Mein Vater hatte einige Jahre vorher in Sehnde ein großes Grundstück mit einem kleinen See gekauft, welches als Erholung gedacht war. Ein Wochenendhaus war auch schon angefangen. Als der Krieg ausbrach, zog ich mit meiner Mutter nach Sehnde. Männer mussten in der Stadt bleiben, um zu löschen und zu helfen. Wir waren froh, ein Dach über dem Kopf zu haben. Als Kind fand ich die Situation, auf dem Land zu leben, sehr aufregend, meine Mutter, die Großstadt gewohnt, nicht so toll. Wir Kinder, es waren immer sehr viele dort zum Spielen, waren den ganzen Tag draußen. Auf der Landstraße spielten wir Treib- oder Völkerball. Wenn mal ein Auto kam, rief man nur laut „Autoooooooo“, dann spielte man weiter.

Lustig war immer die Zuckerrübenzeit. Da bei uns im Dorf eine der größten Zuckerfabriken war, kamen die Bauern mit ihren Pferdewagen alle auf unserer Landstraße entlang. Wir Kinder, wir traten immer in Scharen auf, standen am Straßenrand mit unseren Säcken und riefen: „Onkel, eine Rübe!“ Wenn wir Glück hatten, warfen die Fahrer einige herunter oder auch nicht, dann sprangen wir hinten auf den Wagen und bedienten uns selbst, was uns dann einige zornige Peitschenschläge, die auf die Entfernung aber nicht trafen, einbrachte. Wenn wir genug hatten, schafften wir unseren Sack nach Hause, wo die Rüben gesammelt und danach in einem riesigen Kessel zu Rübensaft, genannt auch Stips, verarbeitet wurden. In dem gleichen Kessel, der mit sehr viel Mühe gereinigt wurde, wurde auch alle vier Wochen die große Wäsche gewaschen.

1944: Lore Müller mit ihrem Vater und ihrer Schwester.

Keiner hat zu Hause gespielt, auch nicht bei schlechtem Wetter

Wenn das Wetter mal nicht ganz so schön war, gespielt wurde aus Platzmangel nie irgendwo zu Hause, gingen wir in die Scheune auf die Heuballen. Dort wurden dann Liebesmarken und Zigarettenbildchen getauscht. Die Zigaretten rauchte mein Vater, die Bildchen bekam ich, und das Silberpapier hob meine Mutter auf, um es in feine Streifen zu schneiden und als Lametta an den Tannenbaum

Sommer 1943: Die kleine Lore spielt im Sand.

zu hängen. Man sieht: Es gab keine Verschwendung.
Wo wir gerade bei Weihnachten sind. Es gab immer ein neues Kleid, das meine Mutter aus zwei bis drei alten zusammenschneiderte. Da es eine Überraschung sein sollte, verband mir meine Mutter bei der Anprobe immer die Augen. Das größere Geschenk war ein paar Jahre lang immer, dass mein altes Fahrrad neu gestrichen wurde, mal blau, mal rot. Es gab ein neues Fahrradnetz und eine neue Klingel.
Einmal haben meine Freundin Christa und ich meine Mutter sehr erzürnt. Ich hatte in einem Schrank, sehr gut versteckt, ein Gesundheitsbuch gefunden: „Die Ärztin im Hause“. Ein Buch der Aufklärung und Belehrung. Wir saßen weit hinten im Garten und hatten meine Mutter nicht kommen gehört. Es gab Stubenarrest, gleich für beide. Unsere Mütter hatten einmal abgemacht, wenn Christa und ich was ausfressen, kann ein Elternteil gleich die Strafe für beide verhängen. Das Buch habe ich heute noch.

Ein großes Ereignis war der Besuch in der holländischen Kakaostube

Dann war im Sommer die Zeit gekommen, wo meine Freundin in die Ferien fuhr, zu Oma und Opa in den Harz. Ich wollte auch mal verreisen, hatte aber keine Großeltern mehr, da sie schon früh verstorben waren. Ich lag meinen Eltern nun immer in den Ohren, ich will auch mit der Eisenbahn verreisen. Meine Mutter hatte eine Schwester, die wohnte in Hannover, die sollte ich nun besuchen.
Wir packten nun den alten verschlissenen Pappmascheekoffer, banden noch einen alten Gürtel um alles, da die Schnappschlösser nicht mehr so gut schnappten. Am nächsten Morgen gingen wir zum Sehnder Bahnhof. Wir fuhren die Strecke mit umsteigen in Lehrte, damit die Fahrt etwas länger dauerte, und wurden dann am Hauptbahnhof abgeholt. Das erste große Ereignis war der Besuch in der holländischen Kakaostube. Meine Mutter und Tante im Kostüm und mit Hut. Sie tranken ein Kännchen Bohnenkaffee und ich eine Tasse Schokolade, nicht Kakao! Meine Mutter fuhr danach wieder nach Hause, und ich blieb noch ein paar Tage, unvergessliche Tage.

Lore Müller aus Laatzen

Geboren: 1938 in Hannover
Interessen: Schreiben, Malen, Sport
Beruf: selbstständig in der Gastronomie

Zum Telefonieren in den Gasthof

*Als sich Nachwuchs bei einer Kuh einstellte, bekam **Gisela Preckel** eine verantwortungsvolle Aufgabe. Sie musste den Tierarzt per Telefon verständigen. Dabei hatte die Siebenjährige zuvor noch nie einen Hörer in der Hand.*

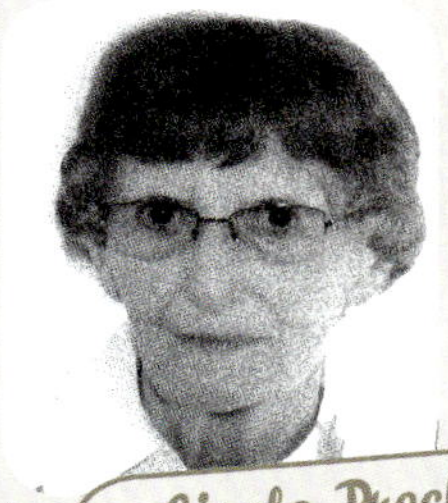

Gisela Preckel aus Isernhagen

Geboren: 1932 in Beendorf
Interessen: Geschichten und Gedichte schreiben auf Platt
Beruf: Finanzangestellte

In den Wintern mit viel Schnee mussten Pferde, jetzt ohne Arbeit, ab und zu bewegt werden. Vater oder Gespannführer spannten dann jeweils ein Pferd mit einem Schwengel dahinter an. Mein Schlitten wurde angehängt, und die besondere Schlittenfahrt begann. Das Schönste dabei, ich blieb nicht lange allein. Alle Kinder aus der Nachbarschaft kamen wie auf Zuruf mit ihren Schlitten dazu und hängten sich dahinter. Das gab einen richtigen Rattenschwanz. Wenn das Pferd dazu noch in einen leichten Trab fiel und unsere Schlitten ins Schlingern gerieten, konnte der Jubel nicht größer sein.

Telefon hatten im Dorf nur der Arzt, Pastor, das Rathaus und Gasthöfe

Eines Tages wollte sich der Nachwuchs bei einer Kuh partout nicht einstellen. Um das Kälbchen zur Welt zu bringen, musste der Tierarzt helfen. Er hatte seine Praxis in der nächsten Stadt und musste angerufen werden. Telefon hatten im Dorf nur der Arzt, der Pastor, das Rathaus und zwei Gasthöfe. Kurz entschlossen beauftragte mich meine Mutter zum Telefonieren in den nächsten Gasthof. Ich hatte mit meinen sieben Jahren noch nie einen Hörer in der Hand gehabt und wollte das absolut nicht. Aber es gab kein Pardon. Mutter meinte, die Wirtsfrau würde es mir schon zeigen, und was ich sagen sollte, das wüsste ich ja.

Mit viel Mut habe ich in den Hörer geschrien

Also rannte ich los. Im Gasthof saßen mehrere Männer beim Skat und Biertrinken. Das Telefon war in der Gaststube offen angebracht, sodass jeder mithören konnte. Die Wirtin stellte nun, wie mir schien, viel zu schnell die Verbindung her, und dann musste ich mein Anliegen vortragen. Mit viel Mut habe ich dann mehr geschrien als gesprochen, aber sogleich kam die Wirtin angerannt und sagte: „Mach doch nur nicht solchen Lärm. Der Doktor versteht dich auch, wenn du normal sprichst." Etwas leiser sprach ich dann zwar weiter, aber ob mich so auch der Arzt in der sechs Kilometer entfernten Stadt verstehen würde? Obwohl ich bemerkte, wie sich die Gäste über mich amüsiert hatten, war ich trotz aller Genierlichkeit ein bisschen stolz. Ich hatte telefoniert!
Immer aber war es etwas Besonderes, fast ein Wunder, wenn so ein Tier geboren wurde. So auch, als eine Stute wieder gefohlt hatte und ein kleiner Hengst zur Welt gekommen war. Die Stute leckte das Kleine so gut wie trocken, und ich durfte helfen, es noch mal abzureiben. Danach sieht man staunend, was weiter passiert. Schon wenige Minuten später versuchte es, auf die Beine zu kommen. Auf diese

Gisela Preckel war anderthalb Jahre alt, als dieses Bild entstand.

langen staksigen Beine, die es zuerst nicht aufzustellen vermag. Sie knickten immer wieder ein, und es fiel bei den ersten Versuchen in die aussichtlosesten Stellungen zurück. Versuchte es erneut und stand endlich, noch auf ziemlich wackligen Beinen, zum ersten Mal in seinem Leben auf eigenen Beinen. Vor Freude wäre ich am liebsten im Stall geblieben.

Ziegen in Kleidchen und Turnhose

*Als Kind vom Lande hatte **Rosemarie Sander** eine feste Aufgabe: Gänse hüten. Das war für sie immer eine gute Gelegenheit, sich mit ihren Freundinnen zu treffen. Einmal spielten ihnen Jungs einen Streich.*

Zu unserer Familie gehörten die Großmutter, meine Mutter und ich. Die Männer hatte der Krieg geholt. Es war Nachkriegszeit, wo jeder seine Pflicht tun musste! Wir hatten einen mittelgroßen Bauernhof, wo es außer einigen Hühnern nichts mehr gab. Die Großmutter hatte den großen Garten, wo alles wuchs, um nicht zu hungern. Meine Mutter regelte alles und war noch als Saisonarbeiterin bei meiner Tante und meinem Onkel, die noch selbst einen Hof hatten. Nach der Schule stand mein Essen auf dem Tisch, Schulaufgaben fix gemacht und eine kleine Kiepe* mit Vesperbrot und Kaffeeflasche, so ging es täglich mit zehn Gänsen zu einem nahgelegenen Teich, wo schon andere Schulfreundinnen harrten. Bei Sommer- und weniger schönem Wetter ging das tagein, tagaus.

Täglich lagen Vesperbrot und Trinken in der Küche

Wir bastelten, fingen Frösche, kamen auch mal in Streit. Doch das hielt nicht lange an. Im zweiten Sommer verlandete der Teich, und wir wollten auch keine Gänse mehr. Doch da meldete sich meine Tante, ich könnte doch bei ihr Gänse hüten. Da musste ich mit dem Fahrrad hin, da es circa zwei Kilometer weiter war. Wieder lagen täglich Vesperbrot und Trinken in der Küche, meine Tante war schon längst auf dem Feld. Diesmal waren es zwölf Gänse, die schon auf mich warteten. Es war ein Fluss, wo man gut aufpassen musste, wegen der Strömung.

Aus schwarzem Ton bauten wir unser Afrika

Gut in Erinnerung bleiben die schönen Sommertage mit Freundinnen, drei bis vier großen Lagerdecken und den ganzen Tag was unternehmen. Am Flussufer gab es schwarzen Ton, da formten wir Köpfe, steckten sie auf Stiele und stellten sie zum Trocknen auf. Leider bröselten sie am nächsten Tag auseinander. Auch die Farbe blieb schwarz. Einer kam auf die Idee, wir bauen uns Afrika! Wieder wurden Köpfe geformt, ein Umriss des Schwarzen Kontinents mit Kies und Steinen gelegt, dieses Mal die Köpfe aufrecht in den Boden gesteckt, doch am anderen Tag zerbrach unser Afrika. Dann lernten wir schwimmen, wollten uns aus Binsen noch Schwimmhilfen flechten, doch diese grünen Binsen gingen schneller unter als wir. Irgendwann klappte alles nach Wunsch, da wurde im Gegenstrom eine Strecke ausgemacht, und den ganzen Tag gab es nur Erfolgserlebnisse. Dann kamen wir aus dem Wasser, unterkühlt, blau, und unsere Sachen waren verschwunden, nur die Decken lagen noch da. Unweit lagerten auch Jungs,

Rosemarie Sander (links) mit ihrer Tante Frieda und Onkel Fritz auf dem Bauernhof.

sie hatten sogar aus Wehrmachtsbeständen ein Spitzzelt. Da ging das Zelt auf, und unter Gegröle und Trara kamen zwei angezogene Ziegen, eine im Kleid, eine mit Hemd und Turnhose, und trotz der fremden Verkleidung hüpfen und sprangen sie wild durch die Wiese. Schimpfwörter flogen hin und her. „Dann wollen wir nicht so sein", sagten die Jungen. Und wir konnten uns ankleiden!

Meine Gänseschar war schon nach Hause gewatschelt

Bei dieser Aktion war es Feierabend geworden, und meine Gänseschar war schon nach Hause gewatschelt. Ausgerechnet kamen meine Tante und mein Onkel mit dem großen Heuwagen an, die Gänse dazwischen, dann gab es eine Standpauke. Noch heute, wenn ich in der Natur den Geruch von Wiese und Heckenrose wahrnehme, sehe ich die drei Decken an dem Lagerplatz.

* *Korb mit Tragegurten*

Schöne Erinnerungen: Rosemarie Sander mit ihrem kleinen Sohn am Gänseteich.

Rosemarie Sander aus Hemmingen

Geboren: 1935 in Wolmirsleben/ Sachsen-Anhalt
Interessen: Handarbeit, Lesen, Garten
Beruf: Schneiderin

Von der Handelsschule zum Bauernhof

Bloß nicht aufs Land, dachte ***Wilma Wilkening****, als sie Arbeit suchte. Doch kurz nach dem Krieg blieb ihr nichts anderes übrig. Die Bauern brauchten dringend Hilfe. Sie zeigte sich pflichtbewusst und blieb.*

1945: Auf dem Heuwagen sitzt der Sohn des Bauernehepaars, den Wilma Wilkening einige Jahre später heiraten wird.

Wilma Wilkening aus Hannover

Geboren: 1928 in Hannover
Interessen: Schreiben
Beruf: Bäuerin

Ich war aus der Volksschule 1943 entlassen. Hatte dann mein „Pflichtjahr" in einer Familie mit vier Kindern absolviert; das war in der Nazizeit Pflicht. Anschließend besuchte ich die Handelsschule Buhmann. Die meiste Zeit war Fliegeralarm, und wir flüchteten in den Bahnhofsbunker. Wie manches Mal musste ich hinterher zu Fuß nach Klein-Buchholz, weil wir wieder einen Bombenangriff hatten und keine Straßenbahn mehr fuhr.
Ende 1944 mussten wir eine Notprüfung machen, weil die Obrigkeit meinte, wir würden noch in der Rüstung gebraucht! Aber dort war gar keine Arbeit mehr für uns. Ich konnte dort im Lohnbüro helfen. Anfang April 1945 wurde Hannover von Amerikanern besetzt. Alles war aus. Die Deutschen hatten nichts mehr zu sagen! Das Gute war, wir hatten keine Fliegeralarme mehr. Es war ja auch alles kaputt! Als nach gewisser Zeit das Leben für uns wieder in Gang kommen sollte, musste man sich in Abständen auf dem Arbeitsamt melden. Ich hatte inzwischen beschlossen, noch ein Jahr zur

Buhmann zu gehen, um hinterher im Büro zu arbeiten. Auch mein Vater meinte: „Du sollst es mal besser haben als ich."

Vom Arbeitsamt gab es eine neue Karte: Wieder ein Bauernhof!

Doch auf dem Arbeitsamt hatten sie ganz was anderes für junge Leute. Die Fremdarbeiter der Bauern waren inzwischen wieder in ihrer Heimat, die Bauern hatten keine Hilfe mehr, und die Ernte stand vor der Tür. Ich bekam eine Karte in die Hand und sollte mich bei einem Bauern in Bredenbeck am Deister melden. Das klappte nicht, der Bauer war schon versorgt. Als ich mich wieder auf dem Arbeitsamt meldete, fragte ich, ob sie für mich nichts in der Nähe meines Elternhauses hätten, und ich bekam eine Karte. Zu Hause habe ich erst mal ordentlich geheult. Ich wollte ja wohl alles, aber nicht zum Bauern.

Es mussten zehn Kühe gemolken werden

Als ich mich gegen Abend bei den Bauern vorstellte, trösteten sie mich, ich hätte es dort nicht schlecht. Das Bauernehepaar hatte einen Sohn, der 20-jährig in Russland schwer verwundet wurde und bis 1944 in verschiedenen Lazaretten zugebracht hatte. Nun versuchte er sich als Bauer wieder einzugliedern. Rechtsseitig gelähmt war das gar nicht so einfach. Auch für mich war es nicht leicht, ich musste ja alles erst lernen. Und mit dem Melken ging es los. Es mussten zehn Kühe gemolken werden, die Bauersfrau zeigte es mir und sagte zu mir: „Tue das Schwere zuerst, dann wird dir das Leichte sein wie ein Nichts." Das bedeutet, dass man die Kühe, die sich schwer melken lassen, zuerst melken soll.
Der Ernteeinsatz ging vorüber, ich blieb auf dem Hof. Ich hatte mich mit dem Sohn angefreundet. Machte nach gewisser Zeit meine Hauswirtschaftsprüfung. Wir heirateten, bekamen zwei Töchter. Bis 1975 bewirtschafteten wir den Hof.

Wilma Wilkening (Dritte von links) macht Mittagspause auf dem Feld.

Radio

Abenteuer in der Stadt

Für Stadtkinder gab es früher kaum Spielplätze oder Jugendtreffs. Sie mussten sich ihren Raum zwischen großen Häusern und breiten Straßen selbst erobern. Dabei wurden sie selten beaufsichtigt.

Die große Welt war bei uns zu Gast

***Karin Gehrmann** verlebte ihre Kindheit in Hannover-Mittelfeld – nah am Messegelände. Es war eine aufregende Zeit, wenn die Menschen aus fernen Ländern kamen. Da wurde jedes Zimmer an die Messegäste vermietet, und die Familie schlief solange im Zelt.*

In der Siedlung, in der Karin Gehrmann als Kind wohnte, feierten die Bewohner jährlich ein buntes Sommerfest.

Karin Gehrmann aus Hannover

Geboren: 1948 in Hannover
Interessen: Handarbeiten und Lesen
Beruf: Versicherungskauffrau

Zugebaut sind sie schon lange, die Kirschplantagen, in denen wir als Kinder „verbotenerweise" in unseren Ferien ganze Tage verbrachten. Urlaubsreisen waren zu dieser Zeit, um 1956, noch nicht sehr verbreitet. Gegen Abend erklangen dann die verschiedenen Familienpfiffe oder -rufe, mit denen wir zum Abendessen geholt wurden. Jedes Kind wusste sie zuzuordnen. Damit wurde ein toller Tag meist viel zu früh beendet.

Die Stoppelfelder wurden zu Parkplätzen

Da unser Haus ganz nah am Messegelände liegt, war die „Messezeit" eine der aufregendsten Zeiten im Jahr. Die große Welt war bei uns zu Gast. Die Stoppelfelder vor der Messe wurden zu Parkplätzen für die Gäste aus allen Ländern, die für uns so fern lagen. Auf den Parkplätzen wurden Buden und Ladengeschäfte aufgebaut. Oh, wie war das aufregend. An diesen Buden kaufte ich einmal eine Postkarte, auf die eine Schallplatte gepresst war – Conny Froboess sang „Zwei kleine Italiener". Das war eine Sensation.
Das Geld für diesen Luxus hatte ich mir selbst verdient. Mit einem kleinen Putzeimer und Lappen waren wir Kinder losgezogen und hatten auf den Parkplätzen Autoscheiben geputzt. Allgemein waren die Messegäste sehr nett und bezahlten uns mit kleinen Münzen. Das war eine tolle Zeit.

Die Kinder führten dabei oft kleine Stücke auf.

Auch die Erwachsenen konnten sich durch die Messegäste etwas dazuverdienen. Wegen der nahen, günstigen Lage zum Messegelände vermieteten sie privat alles, was noch als Messezimmer durchgehen konnte. Um einen Messegast oder mehrere Messegäste beherbergen zu können, übernachtete die Familie in dieser Zeit teilweise sogar auf Luftmatratzen oder Liegen. Und die meisten Messegäste waren froh, dass sie eine Unterkunft gefunden hatten.

Es entwickelten sich oft Freundschaften

Viele kamen regelmäßig alle Jahre wieder, und es entwickelten sich oft auch Freundschaften in andere Städte und Länder. Einige dieser Freundschaften dauerten teilweise Jahre. Später veränderte sich natürlich vieles, und Hotels wurden zum Beispiel bevorzugt. Und mit der Expo hat sich auch das Bild der Messe und der Parkplätze völlig verändert.

Ein weiterer Höhepunkt gerade für uns Kinder war das jährliche Sommerfest der Siedlung. Alle Balkone und Gärten wurden geschmückt. Wir Kinder übten lange für ein Stück, welches wir dann aufführten. Richtig mit Kostümen, die Mutti aus Stoffresten und Krepppapier gefertigt hatte. Das war so aufregend. Den Abschluss bildete ein Umzug mit Musik durch die gesamte Siedlung. Alles in allem war es eine tolle Zeit für uns Kinder.

Straßenbahnfahrer ließ uns fahren

***Elke Hein** lebte ab ihrem elften Jahr wieder in Hannover – nach einem mehrjährigen Zwischenaufenthalt während des Krieges in einem Dorf. In der Stadt spielte sie zwischen den Ruinen und lernte von ihrem Vater den Fußball kennen. Seither ist sie ein Fan der „Roten“.*

Geboren: 1940 in Hannover
Interessen: Handarbeiten
Beruf: Hotel- und Gaststättengehilfin

Als ich drei Jahre alt war, zogen meine Eltern mit mir und meiner kleinen Schwester in ein kleines Dorf bei Hannover, um uns vor den Bombenangriffen in Sicherheit zu bringen. Ab meinem elften Lebensjahr wohnten wir wieder in Hannover. Neben unserer Wohnung war ein Bombentrichter. Oben in unserer Wohnzimmerwand klaffte ein großes Loch, das meine Eltern notdürftig mit Zeitungen und Lappen zustopften. Sie waren froh, überhaupt eine Wohnung in der Stadt bekommen zu haben, um sich eine neue Existenz aufbauen zu können.

Mein Schulweg führte mich an der Firma Bahlsen vorbei

In Hannover zurück, besuchte ich die Volksschule Kollenrodtstraße* in der List, später wechselte ich auf das Elisabeth-Granier-Gymnasium**. Mein Schulweg führte mich an der Firma Bahlsen vorbei. In der Vorweihnachtszeit duftete es immer verlockend, damals wurden die Kekse dort noch gebacken. In der Eingangshalle des Firmengebäudes stand ein riesiger, beleuchteter und wunderschön geschmückter Weihnachtsbaum.
Um mit der Straßenbahn von der List in die Innenstadt zu fahren, stiegen wir bei der Drogerie Rossmann ein. Dort bediente uns die Mutter des heutigen Inhabers der Drogeriekette noch selbst. Wir hatten bei der Straßenbahnlinie 7 einen Lieblingsfahrer: den Gustl. Dieser ließ uns auch mal die Bahn selber fahren. Heute undenkbar. Gespielt habe wir Kinder in den Ruinen „Räuber und Gendarm“, obwohl es verboten war. Auf der Straße sind wir Rollschuh in langen Reihen gelaufen. Dabei gab es manches kaputte Knie. Hinkelkästchen wurden mit Kreide auf den Bürgersteig gemalt. Mit Murmeln haben wir gespielt oder Spiele wie „Mein Vater hat ein Schwein geschlachtet“.

Die Spieler trugen Trainer „Fiffi“ Kronsbein auf den Schultern

Mein Vater ging gerne zum Fuß-

Elke Hein (links) mit ihrer Schwester Marion in der Eilenriede.

Zwei hübsche junge Damen: Elke Hein (links) und ihre Schwester Marion haben in ihrer Jugend in Hannover viel erlebt.

ball. Eines Sonntags nahm er meine Schwester und mich zu einem Spiel auf die alte Radrennbahn mit. „Hannover 96" gewann. Die Spieler trugen ihren Trainer „Fiffi" Kronsbein auf den Schultern vom Platz. Ob ein Heimspiel bei „96" oder „Arminia" – mein Sonntag war danach immer verplant.

Obwohl ich einen Spieler von Arminia geheiratet habe, bin ich ein Fan von Hannover 96 geblieben. Wie sagte mein leider schon verstorbener Mann immer: „Einmal rot, immer rot". Noch heute verpasse ich kein Spiel von „96" im Fernsehen – es ist noch immer mein Sonntagsvergnügen.

**Die Volksschule Kollenrodtstraße war früher eine reine Mädchenschule, heute heißt sie Comeniusschule.*

**Die Elisabeth-Granier-Schule in der List wurde 1955 aufgeteilt: Die Ricarda-Huch-Schule blieb im Stammhaus, die Käthe-Kollwitz-Schule zog an die Podbielskistraße.*

Im Cowboykostüm zum Polizeirevier

*Die Innenstadt von Hannover war **Andrea Antrechts** Spielparadies. Die Polizisten in der Herschelstraße blieben ihr in besonders schöner Erinnerung. Die Beamten sorgten dafür, dass sie immer genug Munition hatte.*

Andrea Antrecht aus Hannover

Geboren: 1959 in Hannover
Interessen: Segeln
Beruf: Kauffrau

Andrea Antrecht in ihrem Spielrevier in Hannovers Innenstadt.

Als wirkliches Stadtkind ohne die Anbindung an einen Kindergarten war die hannoversche Innenstadt mein „Spielplatz". Schon mit sechs Jahren übten das Aktualitätenkino (Aki) im Hauptbahnhof, die zoologische Abteilung im Karstadt-Haus und das benachbarte Polizeirevier in der Herschelstraße eine außerordentliche Faszination auf mich aus.

Ich besuchte oft meine „Freunde" in der Wache nebenan

So ging ich recht regelmäßig in den damals ziemlich düster wirkenden Bahnhof, sah mir die Wochenschau an, drückte mir die Nase an den Terrarien der Tierabteilung platt und besuchte oft meine „Freunde" in der Wache nebenan. Dieses Revier aber zog mich außerordentlich an. Fast magisch! Vor jedem Besuch schlüpfte ich flugs in meinen Cowboydress, setzte meinen Cowboyhut auf, zog mir die Cowboyweste mit dem blinkenden Sheriffstern an und band mir mein Halfter um, in dem eine kleine Schreckschusspistole mit perlmuttenem Griff steckte.

Man drückte mir 20 Pfennige für neue Knallplätzchen in die Hand

Ich gehörte dazu, und man begegnete mir mit ausgesprochener Freundlichkeit und Offenheit. Ich durfte mir die Zellen ansehen, und selbst eine kleine Runde im Peterwagen konnte ich erleben. Ein wahres Highlight war es dann, wenn einer der Polizisten feststellte, dass mir die „Munition" ausgegangen war. Man drückte mir 20 Pfennige in die Hand, und ich konnte mir im benachbarten Papierladen Knallplätzchen kaufen. So war ich für die vor mir liegenden Streifzüge wieder bestens versorgt.
Es war eine spannende Kindheit, an die ich mich mit großer Freude erinnere und die mir bis zum heutigen Tag eine ganz enge Verbundenheit zu dieser Stadt beschert.

Heimlich in die Stadt zum Shoppen

*Die Stadt übte auf das Vorstadtkind **Ursel Bärthel** einen großen Reiz aus. Ohne die Eltern zu fragen, verabredete sie sich mit ihrer Freundin zum Einkaufen. Nach dem Kaufrausch reichte das Geld manchmal nicht mehr für die Rückfahrt.*

Ursel Bärthel 1971 mit ihrem schwarzen Hund Blacky.

Für uns Vorstadtkinder hatte die Stadt einen unwiderstehlichen Reiz. Wir gingen noch in die Schule ein paar Straßen weiter und hatten noch keine Monatskarte für den Bus.
So wurde das gesamte Taschengeld gespart. Alles musste heimlich geschehen und gut vorbereitet werden. Ich gab vor, den Nachmittag bei meiner Freundin Marion zu verbringen, und meine Freundin sagte, wir seien bei mir. Es gab noch kein Telefon bei uns, so konnte das Abenteuer beginnen. Wir trafen uns an der Bushaltestelle, und los ging es. Als Erstes wurde ein Softeis genüsslich verspeist. Nun wurden sämtliche Kaufhäuser durchforstet, ob es etwas Günstiges zu ergattern gab. Das war natürlich lukrativer, wenn Schlussverkauf war. Damals war Ausverkauf noch das, was das Wort auch meint.

Zu Hause wurde die Beute der Shoppingtour im Schrank versteckt

Irgendwie konnten wir alles gebrauchen. Garn zum Besticken der Jeans, Wolle, Bänder, der erste Lidschatten für 1,50 DM. Ein Paar Brausetüten wurden gekauft. Die Brause wurde in die Hand gestreut und gut bespuckt, das ergab ein sprudelndes, prickelndes Etwas, das dann abgeleckt wurde. Zu Hause wurden sämtliche Schätze im hinteren Teil des Kleiderschrankes versenkt und erst später offiziell gemacht (alle zwei Monate durfte ich mit meiner Großmutter in die Stadt fahren, die war immer unglaublich spendabel).

Schwere Entscheidung: Busfahrkarte nach Hause oder eine Tüte Pommes?

Im Kaufrausch war es schwierig, die Bremse zu ziehen, irgendwann waren nur noch 50 Pfennig in der Börse, und es galt, die schwerste Entscheidung des Tages zu fällen. 50 Pfennig kostete die Busfahrkarte nach Hause, für 50 Pfennig gab es eine Tüte Pommes. Das bedeutete, drei Kilometer zu Fuß nach Hause zu laufen. Wir haben uns fast immer für die Tüte Pommes entschieden.

Ursel Bärthel aus Garbsen

Geboren: 1958 in Osnabrück
Interessen: Malen, Lesen, Pflanzen
Beruf: Zahntechnikerin, später Landschaftsarchitektin

Mein Leben in der Gartenstadt

*Eine glückliche Kindheit erlebte **Hannelore Eggeling** in der Gifhorner Gartenstadt. Als Mädchen hatte sie viele Entfaltungsmöglichkeiten, mehr als die Kinder heutzutage, findet sie.*

Während der Nazi-Zeit wurde in der Südstadt, westlich der Braunschweiger Straße, eine Nebenerwerbssiedlung geschaffen, die damals auch Hitler-Siedlung genannt wurde. Die Sandstraße hieß – dem Zeitgeist entsprechend – Göringstraße und die Ahornstraße Ruststraße. Nach dem Krieg wurden diese Straßen jedoch sofort umbenannt. So erlebte ich also meine Kindheit nicht in der Rust-, sondern in der Ahornstraße. Dort in der Nachbarschaft gab es viele Kinder und fast unbegrenzte Spielmöglichkeiten für uns. In der Nähe befanden sich Wälder und Sandberge, wo wir uns austoben konnten und wo es keine Verbote, Zäune oder Beschränkungen für uns gab.

Wir Kinder verspotteten die „Katzenmutter“ ständig

Der Brenneckenberg war damals solch ein idealer Spielplatz für uns Kinder. Zu der Zeit reichte er fast bis an die Bahnschienen an der Winkeler Straße. Im Winter rodelten wir über die Schienen hinweg bis zum Scheuringskamp. Zäune gab es ja damals dort nicht. Auch in die andere Richtung gab es viele Rodelbahnen. Im Weiland standen damals noch keine Häuser, so dass auch dort die Anhöhen berodelt werden konnten. Allerdings standen die Bäume seitlich sehr dicht,

Einschulung: In ihren ersten Schuljahren besuchte Hannelore Eggeling die Waldschule.

und oftmals geriet mein Schlitten an diese Hindernisse. Schlosser Cohrs musste dann mein gutes Utensil wieder zusammenflicken.
Mein Schulweg führte mich ab 1952 durch die heutige Ringstraße und über den Berg bis zur damaligen Waldschule. Inmitten von Bäumen standen etliche Baracken des ehemaligen Arbeitsdienstlagers aus der Hitlerzeit. Dort wurde ich eingeschult. Es gab vier Klassen – zwei Baracken mit jeweils zwei Schulklassen. Beheizt wurden diese Räume im Winter mit Holzöfen. In den Pausen schlurfte oft die „Katzenmutter“ (so wurde eine Frau genannt, die auch in einer dieser Arbeitsdienstbaracken wohnte) vorbei. Sie war eine eigentümliche Frau, und wir Kinder verspotteten sie ständig. Nachmittags saß sie oft in der Braunschweiger Straße vor einer Schlachterei und fütterte Unmengen von Katzen.

Meine größte Freude: auf dem Hosenboden den Abhang runter

Nach dem dritten Schuljahr war meine Unterrichtszeit in der Waldschule beendet und ich wurde in die neue Alfred-Teves-Schule in der Limbergstraße umgeschult.
Eine Episode noch: Der Hüttenberg war ein großer Sandberg an der Braunschweiger Straße. Dieser lud mich ständig zum Spielen ein. Meine größte Freude war, auf dem Hosenboden dort den Abhang hinunterzurutschen. Leider konnte meine Mutter diese Freude nicht teilen. Jedes Mal gab es dann Ärger wegen des schmutzigen Schlüpfers. Um diese Sache zu umgehen, hatte ich eine – wie ich glaubte – geniale Idee. Künftig zog ich den Schlüp-

fer aus, hängte ihn ins Gebüsch und rutschte mit bloßem Hintern den Berg hinunter. Ob es zu Hause wirklich nicht bemerkt wurde, ist mir nicht bekannt, ist auch sicherlich sehr unwahrscheinlich.

Viele Freiheiten und unzählige Spielmöglichkeiten

Die Freiheit, die ich als Kind in der Gartenstadt verleben durfte, war geprägt von zahlreichen Spiel- und Entfaltungsmöglichkeiten, die heute leider nicht mehr gegeben sind.

In der Waldschule: Hier drückte Hannelore Eggeling die Schulbank.

Die ehemaligen Arbeitsdienstbaracken: So sah auch die Waldschule aus.

Hannelore Eggeling aus Gifhorn

Geboren: 1946 in Wolfsburg
Interessen: Geschichte, Musik
Beruf: Einzelhandelskauffrau

Der Butjer mit dem Taschenmesser

*Langeweile kannte **Ernst Rohner** als Stadtkind nicht. Ob Fechtstöcke, Windräder oder Detektorempfänger – alles, was er zum Spielen und Entdecken brauchte, baute sich der pfiffige Junge selbst.*

Ernst Rohner aus Hannover

Geboren: 1929 in Hildesheim
Interessen: Malen, Zeichnen, Gedichte und Geschichten schreiben, Basteln, Münzen und Briefmarken sammeln
Beruf: Ingenieur und Physiker

In meiner linken Hosentasche trage ich ein Taschenmesser. In meinen Kindheitstagen in den dreißiger und vierziger Jahren wäre ich in Linden mit diesem Schweizer Offiziersmesser absoluter „King“ gewesen, so klein es auch ist. Aber es ist vielseitig und zweckmäßig. Früher hatte jeder richtige Butjer ein Taschenmesser dabei. Schließlich war es das wichtigste Werkzeug zum Schnitzen von Verzierungen an den Fechtstöcken, zum Spielen beim „Länderklauen“ und für alle Basteleien, die man heute für teures Geld kaufen kann.
Waffe war es nie! Wegen der Gefahr, es bei einer Rauferei zu verlieren, ließ man es versteckt in der Tasche. Schließlich hatte man Fäuste und – wenn es ganz schlimm kam – den Fechtstock. Es gab jedes Mal Beulen und Schrammen, aber keine Toten. Die mussten gespielt werden in der „Schlacht am Blauen Berge“ auf einer grünüberwucherten Schutthalde.

Aufregende Flugwettbewerbe mit Fallschirmen aus Seidenpapier

Der Mangel an Taschengeld – manchmal war schon ein Groschen ein kleines Vermögen – zwang immer wieder zu neuen Einfällen. Der selbst gebaute Drachen war schon eine aufwendige Spielerei. Einfacher waren eine Schwalbe aus der Seite eines alten Schulheftes oder ein Fallschirm aus Seidenpapier, Zwirn und einem Korken. Da gab es sogar Flugwettbewerbe. Aus alten Schuhkartons bauten wir uns kleine Windräder und machten Wettrennen. Schlagballspielend in einer Straße ohne Autos, mit einem alten Tennisball und einem abgebrochenen Besenstiel ... Ich war als bester Schlagmann immer der Letzte als „Ablöser“. Jungen und Mädchen spielten gemeinsam Ballspiele und Verfolgungsjagden, die man heute nur noch auf dem Sportplatz spielen kann, wenn man in einem Verein ist.

Aus Rasierklinge, Bleistiftmine und Kupferdraht Empfänger gebaut

Mein Vater hatte aus seiner Kindheit noch die Jugendzeitschriften „Der gute Kamerad“ aus der Kaiserzeit, als die Radiowellen noch in den Kinderschuhen steckten. Eine „moderne Robinsonade“ von 1916 schilderte den Bau eines Sender und eines Empfängers auf einer einsamen Insel. Ich wollte es wissen. Wir hatten zwar einen „Superhet“*, trotzdem baute ich aus Rasierklinge, Bleistiftmine, Kupferdraht und Trafoblechen einen Detektorempfänger zusammen, so wie es in der Geschichte beschrieben wurde. Einen Kopfhörer hatte ich dann auch. Nach drei Tagen Fummelei hörte ich den Ortssender und eines Tages sogar einen Amateurfunker. Und das alles ohne Lötkolben.

Im Winter kurvten wir mit unseren Schlitten am Lindener Berg. Im Sommer hatten wir den „Urwald“ zum Klettern, hohe Eichen nahe dem Fischerhof. Und dann, wie schon gesagt, auf der Schutthalde die „Schlacht am Blauen Berge“. Langweilig war es nie!

* *Überlagerungsempfänger*

Ernst Rohner hatte als Kind immer gute Einfälle und war obendrein handwerklich geschickt.

Das Geld wanderte über die Köpfe hinweg

Just als Flüchtling in Hannover angekommen, vermittelte das Arbeitsamt ***Christel Bötel*** *einen neuen Job: Schaffnerin in der Straßenbahn. Dabei traf die Ortsunkundige auf viele hilfsbereite und ehrliche Menschen.*

Mitte 1946, gerade mal 18 Jahre alt, ausgewiesen aus Schlesien, kam unsere Familie im Flüchtlingslager in Empelde an. Von der Schule runter, kein Geld, also gleich Arbeit suchen. Das Arbeitsamt bestimmte: Straßenbahn-schaffnerinnen werden gesucht. Also gut! Werde also Schaffnerin.

Erst Theorie, dann drei Tage lang mit einem Lehrschaffner, wurde ich „auf die Menschheit“ losgelassen. In der Westentasche einen Zettel mit den Namen der Haltestellen, denn ich kannte ja Hannover überhaupt nicht. Von Glocksee fuhren wir alle Linien, außer der 10, die von Gehrden kam. Man muss wissen, die Wagen hatten meist keine Glasscheiben, die Fenster waren oft mit Sperrholz vernagelt. Die Haltestellen musste ich ausrufen – und sie waren so manches Mal falsch. Die Fahrgäste amüsierten sich, aber keiner motzte!!! Wie wäre das heute?

Wenn die Straßenbahnen überfüllt waren, war ein Durchdrängeln unmöglich

Ich musste durch den Wagen gehen und meine Fahrscheine verkaufen für 20 Pfennige. So weit ganz schön. Aber in den Stoßzeiten! Die klapprigen Wagen waren dann völlig überfüllt, oft blieben Fahrgäste an den Haltestellen stehen, mussten auf die nächste Bahn warten. Und ich? Wie sollte ich kassieren? Ein Durchdrängeln war unmöglich. Also rief ich: „Wer ist noch ohne Fahrschein?“ Und siehe da, das Geld wanderte über die Köpfe hinweg zu mir, von Insasse zu Insasse weitergegeben. Einfach toll! Auf die gleiche Weise ging der Fahrschein zurück. Alle bezahlten! Und dabei hat niemand mit einem Kontrolleur zu rechnen brauchen, denn der hätte sich auch nicht durchwursteln können. Wenn ich heute daran denke, muss ich staunen. So viel Ehrlichkeit!

Christa Böthel (rechts) mit ihren Freundinnen 1946 in Neisse.

Christel Bötel aus Ronnenberg

Geboren: 1927 in Neisse (Schlesien)
Interessen: Flohmarkt, Stricken
Beruf: Straßenbahnschaffnerin, später Bürovorsteherin

Wunderbar kostümiert und geschminkt

*Als Kind ist **Manfred Eickhoff** oft zum Theater gekommen. Denn seine Großmutter war Schauspielerin. Zu Weihnachten gab es einmal eine Kindervorstellung. Dabei hat er das Geheimnis des Weihnachtsmanns gelüftet.*

Das Bild entstand 1940. Da war Manfred Eickhoff (links) 13 Jahre alt.

Meine Oma war Schauspielerin am Deutschen Theater am Hohen Ufer. Wir Kinder haben sie häufig nach den Proben am Personal-Hintereingang auf der Marstall-Seite abgeholt. Natürlich kannten wir die Namen der Kolleginnen und Kollegen meiner Oma.

Der Weihnachtsmann stellte den Kindern die obligatorische Frage

Zu Weihnachten, also 1931 oder 1932 – ich war fünf oder sechs Jahre alt –, hat Oma meinem Bruder und mir den Besuch einer Kindervorstellung ermöglicht. Und es trat der Weihnachtsmann auf, wunderbar kostümiert und geschminkt, wie das beim Theater möglich ist. Dann stellte er die obligatorische Frage an die erwartungsvollen Kinder: „Wisst ihr denn auch, wer ich bin?“ Und ehe noch ein Kind „Ja, der Weihnachtsmann“ hätte antworten können, habe ich schon „Ja, Herr Stelter!“ geschrien.

Manfred Eickhoff aus Hannover

Geboren: 1926 in Hannover
Interessen: Fahrradfahren, Schwimmen
Erlernter Beruf: Architekt

Der Laubberg war unser Spielplatz

*Zum Ende des Zweiten Weltkriegs wurde **Karsten Eggeling** in Gifhorn geboren. Obwohl es eine entbehrungsreiche Zeit war, gab es für Kinder einiges zu entdecken. Sie spielten am Wasserturm, der Laubberg war ein Paradies für sie.*

Als 1945 der Zweite Weltkrieg beendet war, war ich gerade zwei Jahre alt geworden. Die schlimme Zeit habe ich – Gott sei Dank – nicht bewusst erlebt, und auch nicht, dass im hinter unserem Grundstück liegenden Laubberg ein kleiner Bunker von unserer Familie gebaut worden war, um sich bei Fliegeralarm dorthin zurückziehen zu können.
In den Jahren meiner Jugend war alles sehr knapp und eingeschränkt, denn es war ja die Nachkriegszeit, in der kein Luxus gegeben war. Besonders auch Spielzeug für die Kinder war Mangelware, also musste von den Eltern und insbesondere auch von uns Kindern improvisiert werden. Das Einzige, was damals unbegrenzt zur Verfügung stand, war der Platz zum Spielen. Wir durchquerten unseren Garten und waren direkt im Laubberg, für uns Kinder ein echtes Paradies, um uns austoben und beschäftigen zu können.

Wer erwischt wurde, bekam eine ordentliche Tracht Prügel

Kletterbäume mit Baumbuden waren bei uns ebenso gefragt wie kleine Erdbuden, die wir uns gruben und mit Zweigen abdeckten. Aber auf diese Idee waren auch andere Kinder gekommen. Und so wurden die Buden von uns gegenseitig wieder zerstört. Man musste nur aufpassen, denn wer dabei erwischt wurde, bekam eine ordentliche Tracht Prügel. Aber das

„Tietje Ummetun": Auf diesem Gelände fanden Karsten Eggeling und seine Freunde einen tollen Bolzplatz.

wussten wir ja und waren deshalb besonders vorsichtig.
Auf „Tietje Ummetun", einem Wiesengelände im Laubberg, das später zum Hubschrauber-Landesplatz für das alte Kreiskrankenhaus hergerichtet wurde, stand uns ein idealer Bolzplatz zur Verfügung. Ob die Bezeichnung „Ummetun" von Immenzaun oder Umzäunung abstammt, habe ich nie in Erfahrung bringen können. Mitten auf dieser Wiese war ein kleiner Kolk mit Fröschen und im Frühjahr mit entsprechend vielen Kaulquappen, die wir gern fingen und im Wasserglas mit nach Haus

Der Gifhorner Wasserturm: Hier ging Karsten Eggeling auf Entdeckertour.

brachten, wo sie natürlich bald eingingen.
Im Winter konnte man dort als kleineres Kind gefahrlos Schlittschuh laufen, denn die Allerwiesen waren für uns viel zu gefährlich. Auch ei-

nige Rodelbahnen gab es dort, die wir „Kurvenbahn" und „Steile Bahn" nannten. Auch der Berg, auf dem der Wasserturm steht, wurde von uns oft ausprobiert. Aber dieser war sehr steil und gefährlich. Mein Bruder versuchte dort mit selbst gefertigten Skiern abzufahren, verunglückte dabei und brach sich ein Bein.

Wir suhlten uns in dieser Dreckbrühe, sehr zum Missfallen unserer Mütter

Aber auch sonst war der Wasserturm-Berg für uns Kinder interessant. Von Zeit zu Zeit mussten die Wassertanks durchgespült werden. Das dabei anfallende Wasser wurde durch ein Rohr unten am Berg abgelassen. Diese Gelegenheit ließen wir Kinder uns natürlich nicht entgehen; Klamotten ausgezogen und hinein. Wir suhlten uns in dieser Dreckbrühe und sahen anschließend natürlich dementsprechend aus, sehr zum Missfallen unserer Mütter. Auch später, als der Wasserturm nicht mehr in Betrieb war, blieb er für uns inzwischen größeren Kinder interessant. Irgendwie kamen wir immer in dieses Gebäude hinein und kletterten im Turm herum, was natürlich ziemlich gefährlich und daher verboten war. Aber wir hatten immer einen Schutzengel.
Gegenüber auf der anderen Seite der Braunschweiger Straße, etwa dort, wo sich heute das Famila-Einkaufszentrum befindet, war außerdem ein großer Sandberg, auf dem wir ausgiebig spielen, Buden bauten oder hinabrutschen konnten. Neben dem Sandberg befand sich die „Grund", eine Müllkippe, auf der die Glashütte ihre Glas-Rückstände entsorgte. Wir sammelten diese Glasschlacken und vergruben sie als „Schätze" auf dem Sandberg, aber sehr umsichtig, damit niemand anders unsere Fundstücke wieder fand und ausgraben konnte.
Später hat sich dann doch alles sehr verändert. Der Sandberg wurde im Laufe der Zeit total abgegraben und als Sand im Baugewerbe genutzt. Auch der Laubberg wurde inzwischen sehr eingeengt. Durch den Bau des Kreiskrankenhauses in den fünfziger Jahren wurden weite Teile abgetrennt. Auch „Tietje Ummetun" wurde trockengelegt und in einen kleinen Park umgewandelt, auf dem sich ein Hubschrauber-Landeplatz für das Krankenhaus befand. Das Deutsche Rote Kreuz nahm weitere Teile des Laubbergs für seine Bauten in Anspruch, die Straße „Am Laubberg" wurde ebenfalls abgetrennt und so unser Abenteuer-Spielplatz immer mehr eingeengt.

Noch heute denken wir „Oldies" gern an unsere Jugendzeit zurück

Aber wir waren ja inzwischen auch größer geworden und suchten uns neue Reviere, wo wir uns austoben konnten. Das Gebiet hinter dem Laubberg war ja damals noch nicht bebaut, der Katzenberg, der Brenneckenberg und das Gifhorner Heidegebiet boten außerdem reichlich Alternativen für uns größere Kinder.
Noch heute denken wir „Oldies" gern an unsere Jugendzeit zurück, wo wir ohne Spielplatz mit Geräten ausgestattet, viele eigene Initiativen und Spielmöglichkeiten entwickeln konnten.

Karsten Eggeling aus Gifhorn

Geboren: 1943 in Gifhorn
Interessen: Geschichte, Musik
Beruf: Schriftsetzer

Er sprang nachts ins Hafenbecken

*Die Geschichte von **Udo Vier** ist die Geschichte eines Jungen aus der KdF-Stadt, wie Wolfsburg bis zum Kriegsende hieß. Er wuchs auf dem Steimker Berg auf und blickt auf eine Kindheit voller kleiner und großer Abenteuer zurück.*

Udo Vier aus Wolfsburg

Geboren: 1942 in Wolfsburg
Interessen: Stadtgeschichte, Fußball
Beruf: Kfz-Mechaniker

Mitten im zweiten Weltkrieg wurde ich im Jahr 1942 in der damals noch jungen „Stadt des KdF-Wagens" im Baracken-Krankenhaus an der Reislinger Straße geboren.
Ich wohnte und wuchs auf im Stadtteil Steimker Berg, dem ersten, der in Wolfsburg fertiggestellt wurde. Meine Kindheit spielte sich vor allem im angrenzenden Wald ab: Das war unser Zuhause. Ganze Wochenenden verbrachten ich und meine Freunde dort, und das mit zwölf Jahren! Der mitgebrachte Proviant wurde am Feuer geröstet, Unterschlupf boten selbst gebaute unterirdische Buden in der Tannenschonung rund ums Hasselbachtal. Angst hatten die Eltern um ihre Kinder nicht. Welch eine unbekümmerte Kindheit! Die nächtlichen Streifzüge schweißten zusammen, Banden bildeten sich, meine Steimker-Berg-Bande, die Schillerteich-Bande, die Laagberg-Bande sowie die Bande vom Hohenstein.

Unsere Abenteuer waren auch mal waghalsig

Ich und meine Freunde suchten das Abenteuer, mal war es harmlos wie das Seifenkistenrennen am Klieversberg oder das Stangenspringen über den Hasselbach – von der Kastanien-Allee aus bis hoch nach Nordsteimke. Mal war es aber auch waghalsiger, wie etwa die Aktion am Kanal: Am Abend zogen wir von der Milchbar-Borchert aus in Richtung Kanal-Hafen, wo heute die Autostadt steht. Entkleidet, die Klamotten in den Büschen versteckt, schwammen wir in der Dunkelheit in den Hafen. Dann zogen wir uns an den Spundwänden hoch und liefen zu dem Kohle-Förderband. Dort angekommen, stiegen wir auf das Förderband, das zum Hochofen des VW-Kraftwerkes führte. Am höchsten Punkt angekommen, sprangen wir aus rund zwölf Metern Höhe ins dunkle Hafenbecken. Wir haben uns in diesen Momenten keinerlei Gedanken über die Gefahren gemacht.

Heimlich mit dem Kahn zur Kanalbrücke geschippert

In den Sommermonaten sprangen wir auch oft von der Landbrücke über den Kanal. Wir warteten auf den nächsten Kahn, zogen uns an dem vorbeifahrenden, mit Kohle beladenen Schiff hoch und kletterten auf die Schiffsplattform.
So fuhren wir heimlich bis zur Kanalbrücke Vorsfelde, um mit dem nächsten Kahn zurückzuschippern. Es sei denn, wir wurden entdeckt: Dann wurden wir von der Besatzung mit Kohle beworfen und zum Abspringen gezwungen! So oder so hieß es am Ende des Tages: schrubben! Die Schiffswände waren meist frisch geteert und unsere Körper mit

Udo Vier als Siebenjähriger in der katholischen Volksschule.

schwarzer Ölfarbe beschmutzt. Neben den Streifzügen genoss ich das sich entwickelnde Stadtleben. Zunächst war die erste Milchbar Borchert ein beliebter Treffpunkt, in der Kellerklause des Hotels Steimkerberg begegnete ich – beim Aufstellen von Kegeln – Stars wie Max Greger, Peter Kraus, Gus Backus und Ted Herold, um nur einige zu nennen.

Meine Jugend und Kindheit hätte nicht besser sein können

Im fortgeschrittenen Jugendalter genoss ich die sonntäglichen Tanzveranstaltungen mit dem legendären Sänger und Trompeter Peter Beil aus Hamburg. Meine Kindheit und Jugend hätten nicht besser sein können. Es war wunderschön. Noch immer treffe ich regelmäßig einige meiner Freunde, und wir plaudern über die früheren schönen Zeiten. Ich kehre immer wieder an Orte von damals zurück, vor allem ins Hasselbachtal.

Einfallsreich in der Not

Kein Geld für gutes Essen, Kleidung, Kino und so manch andere Extras – das war damals keine Ausnahme, sondern die Regel. Doch schwere Zeiten weckten in vielen das Improvisationstalent.

Schrott sammeln für eine Kinokarte

Wenige Kinder bekamen in den fünfziger Jahren Taschengeld. Um an Bares zu kommen, mussten sie sich etwas einfallen lassen. ***Peter Haselmann*** *hat in den Trümmern nach Metall gestöbert und es verkauft.*

Peter Haselmann aus Hannover

Geboren: 1943 in Hannover
Interessen: Fotografieren, Filmen, Bücher schreiben, Enkelkinder
Beruf: Busfahrer

Gelegentlich fällt mir ein Kinderbild aus dem Jahre 1950 in die Hände. Es war mein erster Schultag in Groß Buchholz. Die Schultüte war prima, die Kniestrümpfe weniger. Der Fotomann drückte auf den Auslöser. Er dachte möglicherweise, das sei in einigen Jahren mit einem Schmunzeln gekrönt. Der Mann hatte Weitsicht und recht. Meinen eigenen Leuten war das gar nicht bewusst gewesen, dass das lustig sein konnte. Es war für sie normal. So stromerte ich damals immer durch die Gegend, und meinen Freunden ging es nicht anders.

Das Größte für uns Kinder war der sonntägliche Kinogang. Doch wie sollte er bezahlt werden? Nur wenige konnten damals auf ein Taschengeld hoffen. Arbeit gab es damals viel, doch das Geld war in den Familien der Nachkriegszeit rar gesät und knapp. Also ließen wir Jungen uns einiges einfallen, um der Hollywood-Erlebniswelt wenigstens am Sonntagvormittag nahe zu sein.

Die Schrotthändlerin betuppte die Kinder regelmäßig

Flaschensammeln war mühsam und brachte nur wenige Taler ein. Bald machten wir es den Erwachsenen nach und gingen in die Trümmer der vom Krieg zerstörten Häuser, um nach Schrottmetall zu suchen. Mir waren in Kürze alle Metallsorten bekannt, und so wusste ich, dass Kupfer am besten bezahlt wurde. An der Podbielskistraße nahe der List-Stadt gab es eine Frau, die Schrott annahm. Sie betuppte uns Kinder regelmäßig, indem sie uns weniger Taler als den Erwachsenen gab. Kupfer musste damals von der Schrotthändlerin mithilfe des Personalausweises registriert werden. Wir Kinder konnten keinen Personalausweis (wir hatten ja damals in dem Alter noch keinen) vorzeigen, und eigentlich durfte sie es gar nicht annehmen.

Um uns einen bessere Verdienst zu ermöglichen, kam mein Freund auf die Idee, das Kupfer platt zu klopfen und in die Mitte das schwerere Blei zu legen. Das Kupfer wurde sogleich um das Blei geschlagen, und es war um vieles gewichtiger. Wie du mir, so ich dir. Unsere Schrotthändlerin zahlte nun mehr, und für unsere Freunde war Kintopp* angesagt.

Wer in den fünfziger Jahren Kinobesitzer war, konnte schwer reich werden. Alle Kinder aus dem Stadtviertel der List-Stadt drängelten voller Erwartung auf den Einlass, es waren lange Schlangen an den Kassen. Hier kannte jeder Junge jeden, fast an jeder Straßenbahnhaltestelle gab es ein Kino. Auf der Podbielskistraße gab es das „Adler“, das „Lister Kino“ und das „Grenzburg-Kino“. Favorit meiner Kinderzeit war ein deutschstämmiger Amerikaner namens Johnny Weissmüller. Johnny war als Tarzan bekannt und der Star unserer Kinohelden. Das lange Küchenmesser an seiner Seite war für uns Faszination. Tarzan lebte mitten im Dschungel. Wenn er von Liane zu Liane schwankte, brüllte er fürchterlich. So war Jane vorgewarnt, um die Kartoffeln aufzusetzen.

Wer gut „pimpern" konnte, konnte in eine zweite Vorstellung gehen

Zeitweise kam es vor, dass einige Jungen nicht in der Schlange fröhlich schwatzten. Sie standen an der Wand des Kintopps und warfen Geldstücke. Das Geldstück von dem Jungen, von dem es am nächsten an der Wand lag, der durfte die anderen Geldstücke mit Daumen und Zeigefinger auf den Handrücken werfen. Wenn er geschickt war und keine Münze runterfiel, konnte er alle Münzen behalten. Wer also gut „pimpern" konnte, war ohne Weiteres in der Lage, genug Geld für eine zweite Kinovorstellung zusammenzubekommen. Wenn es mir gelang, den Coup zu landen, war ich überglücklich, und das war selten genug, denn meistens unterlag man. Dann ging ich wie ein begossener Pudel mit Schlappohren tieftraurig nach Hause.

** alte Bezeichnung für Kino.*

Peter Haselmann bei seiner Einschulung im Jahr 1950 in Groß Buchholz.

Das Schweinefleisch im Kinderwagen

Nach dem Krieg besorgten sich die Menschen Nahrungsmittel auch auf dem Schwarzmarkt. Doch wer „hamsterte“, machte sich strafbar. **Rosemarie Onnaschs** *Vater wäre fast aufgeflogen. Eine zündende Idee half der Familie aus der Patsche.*

„Oh, das ist unser schönstes Zimmer“, hörte ich meine Mutter sagen. Als ich aus der Schule kam, stand sie im Flur unserer Wohnung und war im Gespräch mit zwei Herren. Damals konnte ich nicht wissen, dass soeben unser Wohnzimmer vom Wohnungsamt beschlagnahmt worden war – wegen der Größe des Raumes ohne Küchenbenutzung – für die Leute, die in Kürze einziehen würden. Sie bat mich, ich möge ins Kinderzimmer gehen. Das teilte ich seit Kurzem mit meiner neugeborenen Schwester.

Ein Pastorenehepaar zog mit einer Katze in unsere Wohnung ein

Später dann erzählte mir meine Mutter von Menschen, die aus Ostdeutschland nach Hannover gekommen waren, weil sie durch den Krieg ihre Heimat verlassen mussten. Auf der Straße konnten sie ja schließlich nicht wohnen …! Also wurden sie bei Familien untergebracht, die ausreichend Platz hatten. „Bei uns zieht in den nächsten Tagen ein Ehepaar ein“, sagte sie. Natürlich war ich ziemlich gespannt auf die Leute, die am übernächsten Tag vor unserer Tür standen: Es war das Pastorenehepaar S. mit seiner getigerten Katze Muschi. Alle drei fand ich gleich sehr nett, und die Erwachsenen arrangierten sich ziemlich rasch. Nun war es so, dass mein Vater an den Wochenenden „hamstern“ ging. Dies bedeutete, man tauschte auf dem Schwarzmarkt Wertsachen gegen Lebensmittel ein, was bei Strafe verboten war! Einmal kam er mit einer großen Menge Schweinefleisch zurück. Ich fand, das sah ziemlich ekelig aus, aber die Erwachsenen waren ganz begeistert. Plötzlich kam irgendwie ein Hinweis ins Haus, dass bei uns eine Wohnungsdurchsuchung unmittelbar bevorstand. Jemand musste meinen Vater wegen seines Schwarzmarkt-Handels verpfiffen haben! Hektik brach aus. Wohin mit dem guten Fleisch, ohne es verloren zu geben? Meine Mutter hatte eine Idee. In Windeseile wurde das Fleisch in eine Decke eingeschlagen und im Kinderwagen meiner Schwester versenkt. (Glücklicherweise waren zu dieser Zeit die Wagen tiefergelegt). Darauf kamen die Matratze und die Ausfahrgarnitur. Zum Schluss wurde das Baby behutsam zwischen die Kissen geschoben.

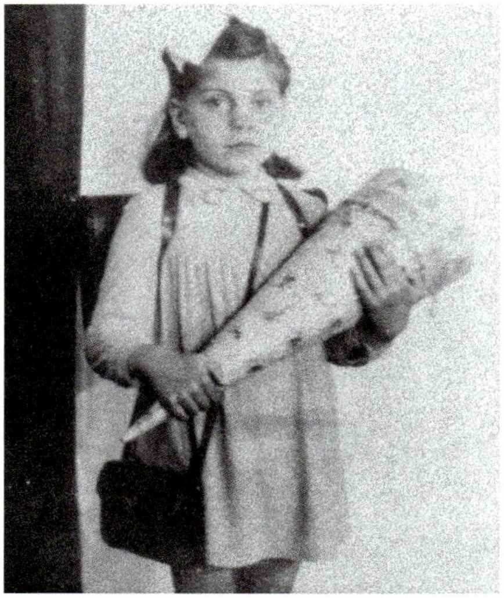

Rosemarie Onnasch mit großer Schultüte bei ihrer Einschulung.

Rosemarie Onnasch aus Hannover

Geboren: 1940 in Hannover
Interessen: Literatur, Sprachen, Basteln, Musik
Beruf: Industriekauffrau

Die Kontrolle unserer Wohnung verlief problemlos

Wenig später fuhr Frau Pastor die Kleine in Davenstedt, wo wir damals wohnten, spazieren. Die Kontrolle unserer Wohnung verlief völlig problemlos. Nachdem sie vorüber war, wurde ich losgeschickt, um Tante S. (wie ich sie nannte) zu bitten, nach Hause zu kommen. Schwesterchen sei nun lange genug an der frischen Luft gewesen. Am nächsten Tag wurde das Fleisch in viele große und kleine Weckgläser eingekocht. An die langen Reihen im Kellerregal erinnere ich mich noch gut.

Ein Ferkelchen namens Peter

*Die Familie von **Margarete Scholz** hat ein kleines Schwein geschenkt bekommen und großgezogen. Der verwöhnte Allesfresser wurde zehn Monate gehegt und gepflegt, bis ihn der Metzger holte.*

Sommer 1947: Ihre Mutter hält die kleine Margarete auf dem Arm.

Ich kann mich noch genau erinnern – im Februar 1962 brachte Papa von einem befreundeten Bauern ein Ferkel-Baby mit. Es war so winzig klein. Seine Geschwister – die Muttersau hatte sehr viele Ferkel bekommen – waren kräftig und stark. Sie ließen den kleinen Winzling nicht an die Mutter zum Milchsaugen. Der Bauer sagte zu meinem Vater: „Nimm es mit, bei mir lebt es nicht mehr lange."

Peter hockte oder lag teilnahmslos in seiner schönen Kiste in der Waschküche

So kam Papa mit Ferkelchen „Peter" bei Eis und Schnee nach Hause. Meine Mutter, Schwester und ich schauten ganz ungläubig in die alte Tasche. Da hockte ein Winzling – der soll mal groß werden? Papa bereitete eine kleine Holzkiste für Peters Wohlbefinden. Ich ging mit der Milchkanne los, lose Milch kaufen – sie war im Milchgeschäft billiger. Die ersten Tage waren aufregend. Peter hockte oder lag teilnahmslos in seiner schönen Kiste in der Waschküche – er vermisste wohl seine Familie. Papa hatte auch die Wärmelampe, die sonst für die kleinen Küken für Wärme sorgte, aufgehängt. Doch Peter trank keine Milch. Auch die dünne, süße Haferflockensuppe mochte er nicht. Meine Eltern gaben sich sehr viel Mühe, aber die Geduld war bald am Ende. Papa meinte besorgt: „Jetzt ist er kurz vor dem Verrecken, bald ist er tot." Der Winzling war irgendwie noch kleiner geworden.

Peter bekam nur gutes Futter – er war ein richtig schönes Schwein geworden

„Er verhungert, wenn er nicht frisst. Noch einmal wollen wir es mit warmer Milch versuchen, dann ist Schluss!" Plötzlich machte Peter seine Augen auf, sah und roch wohl die Milch und schmatzte ratzfatz das Fläschchen leer. Wir freuten uns sehr, von nun an ging es bergauf. Jede Mahlzeit hat er getrunken. Peter wurde geliebt und verhätschelt. Nach der kleinen Kiste kam er in eine größere Kiste. Später in einen richtigen Stall. Peter fraß „alles" auf. Er bekam ja auch nur gutes, sauberes Futter. Oma war zu Besuch bei uns und dachte sich nichts dabei, als sie Unkraut mit Dreckwurzeln in den Trog warf. Unser Papa ist da richtig böse geworden. Peter war halt ein verwöhntes Schwein, das auch gebürstet wurde. Der Stall war auch immer schön sauber. Peter war eine lebendige Biotonne – heute werfe ich alle Abfälle auf den Kompost.
Auch ein schönes Schweineleben geht einmal zu Ende. Peter war ein richtig schönes Schwein geworden. Der Metzger vom Ort holte Peter ab, als keiner zu Hause war. Wir waren alle traurig und kauften in der Schlachtwoche nicht bei dem Metzger ein. Unseren lieben Peter, der über zehn Monate zu unserer Familie gehörte, konnten wir nicht als Sonntagsbraten essen.

Margarete Scholz aus Luthe

Geboren: 1946 in Wunstorf/Luthe
Interessen: Kinder, Familie, Stricken von Babyschuhen für die Entbindungsstation des Neustädter Krankenhauses
Beruf: Einzelhandelskauffrau

Fürs Ausführen gab es zehn Pfennige

*Als Kind hatte **Berta Schlösser** wenig: kein eigenes Bett, kaum Spielzeug. Als in den fünfziger Jahren Radroller auf den Markt kamen, wollte die 13-Jährige auch einmal damit fahren. Doch woher sollte sie die 25 Pfennige nehmen, um sich im Laden ein solches Gefährt leihen zu können?*

Berta Schlösser aus Hannover

Geboren: 1942 in Hannover
Interessen: Schreiben, Lesen, Handarbeiten, Hannover
Beruf: Beiköchin

Ich war 13 Jahre alt, da kam ein Boller-Radroller auf den Markt. Das war das Neueste: Radrollerfahren! Aber wer hatte solch einen Roller? Niemand! In der Wittekindstraße gab es einen Fahrradladen, da konnte man sich einen Roller ausleihen: die Stunde 25 Pfennige. Das Problem war aber dasselbe wie immer: Woher das Geld nehmen? 25 Pfennige!

Leere Weinflaschen brachten Geld – fünf Pfennig pro Flasche; aber woher sollten wir die nun wieder kriegen? Wein tranken nur die reichen Leute, bei uns aber niemand. In unserem Haus wohnten zehn Familien mit insgesamt 18 Kindern. Eine Familie war „reich", die hatte ein Auto, einen Teppich, einen Hund und ein Telefon. Das war die einzige Familie in der ganzen Straße! Die Familie war sehr nett. Fürs Ausführen des Hundes gab es zehn Pfennige. Da fehlten aber immer noch 15 Pfennig.

Alte Zeitungen wurden nach Gewicht bezahlt

Einmal in der Woche kam ein Mann mit einem Bollerwagen und rief: „Lumpen, altes Eisen, Papier!" Das gab Geld! Alte Zeitungen wurden nach Gewicht bezahlt: Je schwerer, desto mehr Geld gab es. Aber Zeitungen bezogen auch wieder nur die „Reichen". Bei uns gab es eine Bildzeitung für zehn Pfennig, damit

Berta Schlösser bei ihrer Konfirmation.

wurde sparsam umgegangen. Zum Feuermachen, zum Fensterputzen und als Toilettenpapier. Also wieder kein Geld für alte Zeitungen.

Es blieb mir also nichts anderes übrig, als die Mülltonnen abzuklappern. Früher wurde ja noch mehr in die Mülltonnen geworfen: Asche, Abfall und Flaschen – alles kam dort hinein. Dort wurde ich denn auch fündig! Fröhlich schnappte ich mir die Flaschen, und ab ging's zur Flaschenannahme in der Posthornstraße. 15 Pfennig! Voller Freude lief ich zum Fahrradladen! Dort wurde die

Freude aber gleich gebremst. Mich erwartete eine lange Schlange. Fünf Kinder waren vor mir dran, das hieß: fünf Stunden warten. Aus der Traum vom Rollerfahren! Ich ging am nächsten Tag wieder hin – eine halbe Stunde, bevor der Laden öffnete. Es klappte: Ich bekam einen Radroller!

Mit dem Roller den Berg runter – das musste ja schiefgehen!

Eine Stunde geht schnell vorüber: also rauf zum Lindener Berg und runter Richtung Martinskirche. Oh, toll! Aber das musste ja schiefgehen. Ich stürzte. Der Roller war Gott sei Dank heil geblieben. Aber mein armer Po! Der Rock war hochgerutscht und ich über die Straße gerutscht. Nachdem ich den Roller weggebracht hatte, ging ich mit Schmerzen nach Hause.

Berta Schlösser mit Freunden und Radroller.

... anschließend hatten wir die Krätze

*Was Hunger bedeutet, daran kann sich **Christa Steinhoff** noch gut erinnern. Als kleines Kind erlebte sie den Zweiten Weltkrieg. Um etwas Essbares zu bekommen, wurde die Familie erfinderisch.*

Ich wurde 1940 eine Woche vor Weihnachten geboren und kann mich noch gut an die Kriegs- und Nachkriegszeit erinnern. Mein Vater wurde eingezogen, musste zur Kriegsmarine, und meine Mutti ging zur Arbeit, so wurde ich bei meiner Oma groß.

Wir hatten alle nichts zu essen, und man wurde erfinderisch. So wurde in dem großen Waschkessel, der im Waschhaus stand, Zuckerrübensirup gekocht, während des Kochens bildete sich obendrauf ein Schaum, der uns Kindern sehr gut schmeckte, herrlich süß, aber anschließend wurde uns so schlecht. Auch die Puffer, die aus Zuckerrübenschnitzel gebacken wurden, schmeckten zuerst recht gut, bis uns anschließend auch wieder übel wurde. Als Fettersatz behalf man sich mit Malzkaffee, da wurden auch Kartoffelschalen gebraten und gegessen, denn wir hatten ja solchen Hunger. Mein Mann entdeckte mal im Supermarkt „Sirup“, und als er den Deckel aufmachte, wurde mir von dem Geruch schon so schlecht, oh nee, bloß nicht.

Christa Steinhoff bei ihrer Einschulung im Jahr 1947.

Christa Steinhoff aus Hannover

Geboren: 1940 in Mittweida/Sachsen
Interessen: Aquarellmalerei, Stricken
Beruf: Kaufmännische Angestellte

Die Nachbarin hatte sich angesteckt und es an uns weitergegeben

Zur Abwechslung bekamen wir damals von einer Bekannten Haferflocken. War das ein Erlebnis. Aber anschließend hatten wir die Krätze*, da hätten wir gern auf die Haferflocken verzichtet, denn das war so schmerzhaft. Die Nachbarin hatte sich angesteckt und es an uns weitergegeben. Jeder von uns bekam für eine Woche ein kleines Brot, da wurde jeder Tag eingeritzt, wie viel man essen durfte, aber das reichte für uns Kinder nie, nur meine Oma hatte zum Schluss noch etwas übrig, was sie uns gab. Wie sie das schaffte, ist mir schleierhaft gewesen.

Wenn der Kaufmann gute Laune hatte, gab es Zuckerwürfel

Als ich eingeschult wurde, hatte ich in meiner Schultüte nur Äpfel und oben lagen noch ein paar Bollos drauf, die man lose beim Kaufmann bekam. Die Gläser mit den bunten Zuckerwürfeln standen oben auf dem Ladentresen, und wenn der Kaufmann mal gute Laune hatte, bekamen wir schon mal einen Zuckerwürfel geschenkt. Ich kann mich auch noch gut an den Tag erinnern, wo die Russen auf der einen Seite der Straße liefen und auf der anderen die Amerikaner. Leider blieben bei uns die Russen, und so war die DDR geboren. Den Russen in den Kasernen ging es ebenso schlecht, wie es uns ging. Viele versuchten zu flüchten, wurden aber sofort erschossen. Wenn ein Deutscher ihnen etwas zusteckte und er wurde erwischt, wurden die Leute gleich verhaftet. Was waren das für Zeiten, die wünscht man niemandem. Ich frage mich so oft, warum können Menschen nicht friedlich miteinander leben?

** Hautkrankheit, durch Milben verursacht.*

Die seidenen Strümpfe

In den Jahren nach dem Zweiten Weltkrieg erlebte ***Herbert Vogel*** *Zeiten des Hungers und des Mangels, aber auch Zeiten des Organisierens und des Improvisierens. Selbsthilfe war damals angesagt.*

Während der Getreideernte sammelten wir auf den Feldern nach dem Mähen abgefallene Getreideähren. Die Körner wurden ausgedroschen und als Futter für unsere fünf Hühner verwendet. Wenn wir einen Acker fanden, auf dem Kartoffeln gerodet worden waren, wühlten wir liegen gebliebene Kartoffeln aus der Erde. Da wir in der Nähe einer Zuckerfabrik wohnten, war es meine tägliche Arbeit, die von den Ackerwagen heruntergefallenen Zuckerrüben aufzusammeln, aus denen von der Mutter Sirup gekocht wurde.

Aus den Schaumstoffsitzen eines Militärbusses formten wir einen Ball

Auf dem Hof eines benachbarten Fuhrunternehmers stand ein zum Ausschlachten bestimmter Militärbus. Wir stellten schnell fest, dass die Schaumstoffsitze für uns von Nutzen waren. Wir zupften an den Schaumstoffstücken herum, bis sie rund geformt waren. Der „Softball" war geboren. Nur beim Bolzen mit diesen Bällen mit dem einen Paar Stiefel, das wir besaßen, mussten wir vorsichtig sein, damit diese keinen Schaden nahmen. Also spielten wir oft barfuß. Meinen Eltern war es gelungen, bei der Spinnhütte im Ortsteil Telgte Fallschirmseile zu erstehen. Diese wurden entflochten und aus der Seide Kniestrümpfe für mich gestrickt.

Im Winter hatte sich auf den Wiesen vor unserem Haus eine große Eisfläche gebildet, ideal zum Schlittschuhlaufen. Ich schraubte alte Schlittschuhe meines Onkels unter meine Stiefel – und los ging's. Das Eis war aber nicht überall stabil genug, deshalb brach ich bis zu den Knien ein. Als ich zu Haus die Strümpfe ausziehen wollte, hatte sich die Seide an meinen Unterschenkeln so zusammengezogen, dass alles Bemühen umsonst war. Nun saß ich vor dem mit Holz beheizten Küchenherd, streckte beide Beine von mir, und meine Großmutter und meine Tante ribbelten die Strümpfe vorsichtig von meinen Beinen ab.

Das Garn wurde sorgfältig getrocknet und wieder zu neuen Strümpfen verarbeitet.

Noch lange hob ich diese später auf. Sie erinnerten mich immer an eine spannende, ereignisreiche, aber auch trotz der zahlreichen Entbehrungen glückliche Kindheit.

Herbert Vogel mit „seidenen" Strümpfen.

Herbert Vogel aus Peine

Geboren: 1935 in Peine
Interessen: Reisen, Fotografie, Heimatgeschichte und Gartenarbeit
Beruf: Rektor

Große Freude, wenn „Brigitte“ kam

*Wo die Eltern gearbeitet haben, spielten machmal auch die Kinder. So hatte der Vater von **Marlene Biester** in den fünfziger Jahren einen Job bei einer Firma am Kanal. Für die Kinder war er das reinste Badeparadies.*

1955 beschloss mein Vater aus politischen Gründen, vom Osten in den Westen zu fliehen, um uns ein Jahr später nachzuholen. Die Polizei kam täglich ins Haus, um die Post zu lesen, und als das Wort „Grün“ vorkam, war es das Stichwort zu fahren. Der Zug fuhr um 11 Uhr vom Bahnhof ab. Da hatte ich noch Unterricht, ich musste also vorher heimlich die Schule verlassen, es durfte ja keiner etwas wissen! In der Pause rieb ich mir weiße Kreise ins Gesicht und sagte der Lehrerin: „Mir ist furchtbar schlecht.“ Sie bedauerte mich in meinem blassen, elenden Zustand und schickte mich nach Hause.
Schnell angekommen, meine Mutter stand mit gepackten Koffern da, ging es los zum Zug, der auch pünktlich abfuhr. Das Schlimmste war die Passkontrolle an der Grenze in Berlin. Die Volkspolizei kontrollierte und fragte meine Mutter, wo sie denn hinfährt mit den Koffern? Sie sagte: „Zu meinen Eltern nach Westberlin, die feiern goldene Hochzeit.“ Zögerlich gab er die Ausweise zurück, der Zug rollte an. Später auf dem Bahnsteig in Westberlin standen wir erleichtert da, ich drehte den Kopf zur Seite und sah ein kleines Schaufenster mit der Auslage von Sprengelschokolade. Unfassbar, wir hatten es geschafft!

Marlene Biester hat ihren kleinen Hund selbst mit der Flasche großgezogen.

Wir durften in die Kajüte und vom Rand ins Wasser springen

Mein Vater war Betriebsleiter einer Betonsteinfirma am Kanal. Dahin lieferte ein Schiff namens „Brigitte“ den Bims zum Pressen der Steine, die zum Wiederaufbau in der Nachkriegszeit dringend gebraucht wurden. So kam es auch vor, dass Steine nachts gestohlen wurden. Wir Kinder freuten uns sehr auf das Schiff, denn wir durften in die Kajüte, bekamen das Beiboot, durften rudern und vom Rand springen. Der Kanal war für uns das Badeparadies.
1957 fuhr ich mit meinem Vater zu den Lieferanten nach Hannover, somit war ich dort viel unterwegs und lernte die Stadt Hannover sehr gut kennen und kannte mich besser aus als später mein Mann, der hier geboren wurde. Damals waren die Straßen schön leer, denn wer fuhr schon mit dem Auto? Manchmal durfte ich auch lenken, das war toll ... Später sagte mein Fahrlehrer, ich sei ein Fahrtalent, es machte mir immer sehr viel Spaß, heute noch fahre ich gerne.

Die Hündin war schon alt und bekam nur einen Rüden

Von einem Arbeiter, der entlassen wurde, übernahmen wir eine Mischlingshündin, die war schon zehn Jahre alt und wurde von einem Nachbarschäferhund gedeckt. Beide hingen zusammen, kamen nicht auseinander, sodass mein Vater einen Eimer kaltes Wasser über sie schüttete und sie somit trennte. Unsere Hündin war schon so alt und bekam nur einen Rüden. Der war soooo süß, leider eiterten die Zitzen, das Muttertier litt sehr, und der Welpe konnte nicht trinken. Wir mussten das Muttertier einschläfern lassen, ich zog den Welpen mit der Flasche groß. Ich war ganz stolz und glücklich.

Ich hatte auch einen Wellensittich, der ist mir eines Tages aus dem Vogelbauer entwischt, ich war sehr traurig. Da lief ich mit dem Vogelbauer und Futter in der Hand nach draußen und rief seinen Namen „Lorchen Piepmatz" immer wieder – und siehe da, der Vogel antwortete mir von der anderen Seite vom Kanal „piep, piep". Dort saß er oben im Baum. Auf einmal kreiste er über mir – ich konnte es nicht glauben –, flog auf seinen Vogelbauer, kroch hinein und fraß. Ich schloss die Tür – ich hatte ihn wieder!

Ich züchtete auch Kaulquappen, die holte ich mir aus den Pfützen, tat diese in ein Einwegglas mit Sand und Wasserpflanzen. Die Tiere bekamen später Beine, ich baute einen „Berg", sie gingen „an Land". Als sie „Frosch" geworden waren, ließ ich sie frei, ich erfreute mich an den schönen Tieren.

Das zehn Jahre alte Muttertier des kleinen Rüden.

Marlene Biester aus Seelze

Geboren: 1945 in Eger/ Sudetenland
Interessen: Malerei (eigenes Atelier)
Beruf: Bilanzbuchhalterin

Zum Kohlenklau auf das Trägerfeld

*Der Nachkriegswinter 1946/1947 war mit bis zu minus 30 Grad Celsius extrem kalt. Um die kalte Zeit zu überstehen, „organisierte" **Professor Dr. Hans Oelke** damals mit seiner Mutter Kohlen aus haltenden Zügen.*

Prof. Dr. Hans Oelke aus Peine

Geboren: 1936 in Peine
Interessen: Biologie mit Spezialgebiet Ornithologie, Heimatgeschichte, Heimatkunde, Archäologie, klassische Musik
Beruf: Biologe (Hochschullehrer)

Not kennt kein Gebot. Dieses Sprichwort hat bei uns in dieser Zeit kaum noch eine existenzielle Bedeutung.

Und doch führt mich der Spruch in eine längst historische Vergangenheit vor 67 Jahren zurück, in den extremen Nachkriegswinter 1946/1947. Unsere Familie hatte schon im Mai 1945 nach kurzer amerikanischer Besatzung das Haus in der Gunzelinstraße zugunsten eines englischen Kommandos räumen müssen. Mein Vater, Diplom-Handelslehrer Hans Oelke, brachte uns in seiner Schule, der Städtischen kaufmännischen Handels- und Berufschule am Schwarzen Weg, Ecke Lessingstraße unter. Die Schule, ein Kriegsbunker auf dem Schulhof, das benachbarte Bürgermeisterhaus (heute EDEKA-Markt) mit einem eingeschossigen Nebenhaus zur Schule sind lange abgerissen. Auf dem Gelände wurde die Posttelefonzentrale errichtet, heute Tanzschule Wiesrecker.

Im Winter musste eine Schneeschicht vom Federbett abgeschüttelt werden

Wir erhielten im Obergeschoss der alten Schule das Lehrerzimmer als Wohn- und Kochstube (mit einem kleinen gusseisernen Kanonenofen in der Ecke) und einem seitlichen kleinen Abstellraum. Hier schliefen wir zwei Kinder, damals zehn und sechs Jahre alt. Im beginnenden Winter 1946/47 stob durch Ritzen zwischen den Dachziegeln so viel Pulverschnee in das Kabuff, dass ich morgens erst einmal die Schneeschicht vom Federbett abschütteln musste. Als Ersatz erhielten wir darauf nebenan im eingeschossigen Wohnhaus von Frau Diestel ein kleines Schlafzimmer. Während der langen Kälteperiode bis März mit Temperaturen zwischen -20 und -30 Grad blieb hinter der Fensterscheibe im Ersatzschlafzimmer nur eine dämmerige, aber dicke weiße Eisschicht. Unsere Mutter kam mit uns abends zum Schlafen in das ungeheizte Schlafzimmer. Wir kuschelten uns bei einem kleinen Hindenburglicht (heute Teelicht genannt) aneinander und wurden langsam wieder warm. Manchmal erleichterte eine Wärmflasche am Fußende die klammen Füße. Das elektrische Licht brannte kaum. Es gab Stromsperre.

Hunger litten wir in dieser Zeit eigentlich nicht. Probleme kamen und wurden größer, als der Brennstoffvorrat während der furchtbaren Kälteperiode von Woche zu Woche knapper wurde. Die Wasserleitungen in der Schule und die Spüle im einzigen Klo zwischen erstem und zweitem Stock froren zu. Nur ein einziger Zapfhahn unten im Keller gab noch etwas Wasser ab.

In dieser Situation handelte meine energische Mutter, damals grade knapp 31 Jahre alt. Wie ein Lauffeuer ging es in manchen Tagen durch die Stadt: Auf dem Trägerfeld, dem Gleisareal hinter dem Peiner Walzwerk, zwischen Stadtrand und halb schon Woltorf steht ein Kohlenzug. Solche Züge brachten damals als Reparationsleistungen schwarze Kohle aus dem Ruhrgebiet in rascher Folge zu den Russen in der Ostzone. Aus betriebstechnischen Gründen mussten manche Züge für einige Stunden eine Pause einlegen.

In einer eiskalten, sternenklaren Nacht machten sich meine Mutter und ich als der älteste, aktivere Junge und früh schon Familienbeschützer mit einem großen Schlitten und mehreren Kohlensäcken auf den Weg zum Kohle-Organisieren. In dunkler Nacht zogen wir die dunkle Kantstraße entlang. Der Weg war bei Ostwind ekelig lang und kalt: den Silberkamp bis zur Schäferstraße und weiter zur Woltorfer Straße. Hinter den Mineralölwerken zogen wir durch tiefen Schnee über den Bahndamm Peine–Braunschweig an den Rand des Trägerfeldes. In der Dunkelheit und doch bei Schneelicht waren leicht die langen Reihen der Kohlewaggons und davor die Schatten vieler dunkler, geschäftiger Personen aus allen Teilen und Bevölkerungsgruppen der Stadt auszumachen.

Hans Oelke 1947 als Schüler der Bodenstedtschule, Klasse 3.

Der Kohlenklau war stets mit großen Risiken verbunden

Niemand benutzte Licht, Taschenlampen oder Streichhölzer und redete laut. Ich schaffte es, in einen offenen Waggon mit Briketts hineinzuklettern und dort zwei Säcke mit Kohlen zu füllen. Mutter nahm die dicken Säcke mit einigen Ermahnungen in Empfang und verstaute sie auf dem Schlitten. Sofort machten wir uns mit dem schwer beladenen Schlitten auf den Rückweg. Zu Hause angekommen, wanderten die Kohlen sofort in unsere Ecke im Schulkeller. Nach kurzer Pause stolperten wir zum zweiten Marsch los. Es glückte auch diesmal. Kohlen waren noch genug im haltenden Zug. Für eine dritte Tour fehlte die Kraft. Vater stoppte uns und befahl, endlich zu schlafen.

Einmal wurde meine Mutter gestellt

Der Kohlenklau war stets mit großen Risiken verbunden. Deutsche Polizei hatte die Aufgabe, ihn zu unterbinden. Wer Pech hatte, wurde gefasst, die Personalien aufgenommen, die geklauten Kohlen beschlagnahmt. Bei einer weiteren Aktion wurde später auch einmal meine Mutter gestellt. Ihren Kohlensack war sie los. Nur lautes Weinen half ihr, nicht in dem Gefangenentransporter zu landen. Der Schock stoppte sie, nicht aber mich für weitere Einsätze.

Wir haben den Winter mit unseren Kohlen gut in einer dann konstant warmen Stube überstanden. Der Frühling kam Ende März. Der kalte Winter 1946/47 blieb für mich einmalig. Selbst bei meinen zwei Expeditionen (1970 und 2002) in das Südpolargebiet fror ich niemals im Zimmer, und es gab in den Stationshütten stets eine wärmende Öl- oder gar Zentralheizung.

Knoop am Kröpcke
SCHEIBE & LANGENSTRASS

Feste und Vergnügen

Auch wenn die Menschen damals bescheidener gelebt haben als heute, das Vergnügen kam nicht zu kurz. Im Gegenteil: Mit etwas Organisationstalent und viel Fantasie wurde jede Feier zu einem großen Ereignis.

Der Mann mit dem gewaltigen Bart

Der Nikolaus sah in ***Therese Ossadniks*** *Kindheit anders aus als heute – er bescherte sie nicht in einem roten, sondern in einem weißen Gewand. Wer in der Verkleidung steckte, erfuhr sie erst Jahre später.*

Therese Ossadnik aus der Wedemark

Geboren: 1941 in Laurahütte/ Oberschlesien
Interessen: Klavier spielen, Lesen, Garten
Beruf: Krankenschwester

Der 6. Dezember 1947: Meine Mutter, meine Schwester Christa und meine Oma wohnten damals in Stelingen zur Untermiete bei Familie G. in einem einzigen kleinen Zimmerchen. Von meinem Vater gab es kein Lebenszeichen. Mutter hatte durch Herrn G. Arbeit in der namhaften hannoverschen Papierfabrik Schlöbcke gefunden. Sie fuhren frühmorgens mit einem Ungetüm von Bus zur Arbeit und kamen abends gegen 18 Uhr zurück, während Oma uns und den Haushalt versorgte. Wir gingen beide noch nicht zur Schule. Christa war vier und ich gerade sechs Jahre alt geworden.

Wir waren unerträglich artig, und Oma erzählte eine ihrer Geschichten

An diesem 6. Dezember waren wir alle voller Erwartung, ob der Nikolaus uns wohl diesmal finden und zu uns kommen würde. Wir waren unerträglich artig, sagte Oma, und erzählte uns wie so oft, auf dem Sofa liegend, eine ihrer berühmten Geschichten. Plötzlich fuhren wir hoch – es war aber nur Herr G., der von der Arbeit nach Haus kam. Aber wo war Mutti? Auch Herr G. war ganz erstaunt darüber, dass sie noch nicht da war! Während noch hin und her gerätselt wurde, hörte man im Treppenhaus ein lautes Poltern. Frau G. schrie laut auf und rief: „Ich hab' was gesehen, ich hab' was gesehen – ich glaub, das ist der Nikolaus!" Christa und ich verschwanden wie auf Kommando, unisono erst hinter der Oma, dann noch hinter den Stühlen (wir glaubten wohl, nun unsichtbar geworden zu sein) und schauten bang zur Tür.

Als Geschenke gab es Äpfel, Bonbons, Pfefferkuchen und ein kleines Spielzeug

Da – es klopfte laut – unsere Herzen klopften noch lauter! Oma sagte: „Herein", und herein kam ein großer, gütig ausschauender alter Mann mit gewaltigem weißen Bart, einer eigenartigen weißen Kopfbedeckung mit einem goldenen Kreuz darauf, in einem langen weißen Gewand mit einem seltsamen, langen roten Schal darum, und er stützte sich auf einen langen Stab, der oben gebogen war. Er nahm einen Sack von der Schulter und fragte mit kräftiger Stimme, ob Christa und Resi hier wohnen. Wir antworteten alle drei. Dann wollte er wissen, wer Christa und wer Resi war. Oma wurde gefragt, ob wir denn auch immer artig wären. Sie sagte, dass es gar nicht so schlimm mit uns sei, heiliger Nikolaus! Dann sollten wir etwas beten, aber es fiel uns vor Schreck nichts ein, sodass Oma das Gebet „Heiliger Schutzengel, mein ..." anstimmte und wir erleichtert einfielen. Dann meinte der Nikolaus, dass er auf seiner Reise noch keine so artigen Kinder gesehen hätte, und deshalb wolle er mal nachsehen, ob es denn dafür auch Geschenke gäbe. Er stülpte den Sack um, und es kamen

ein paar Äpfel, Pfefferkuchen und Bonbons herausgekullert und für jede von uns ein kleines Spielzeug: je zwei mit der Laubsäge ausgesägte und bemalte Figuren. Für meine Schwester zwei Holzhacker, wenn man an ihnen zog, bückten sie sich und hackten Holz. Und ich bekam zwei fleißige Waschfrauen in gleicher Manier.
Der stattliche, freundliche alte Mann sagte nun, dass er noch zu ein paar anderen Kindern weiter müsste, und gab uns die Hand zum Abschied. Dabei merkte ich, dass er einen großen Ring mit Stein trug. An der Tür drehte er sich um und segnete uns alle. Jetzt erst sahen wir, dass sich im Flur bis zum Treppenhaus alle Hausbewohner versammelt hatten und dem Geschehen mit offenen Mündern gefolgt waren. Waren halt alles Protestanten, die von unseren Bräuchen noch keine Ahnung hatten, und sie fanden, dass es sehr schön gewesen sei. Eine Weile später kam Mutti ganz aufgeregt nach Haus: „Ist der Nikolaus weg?", fragte sie. Sie hätte ihn im Treppenhaus gesehen und sich schnellstens in der Toilette versteckt. „Aber Mutti, vor dem hättest du doch keine Angst haben müssen, der war doch so gut zu uns", strahlten wir sie an.

Therese Ossadnik (rechts) mit ihrer Schwester Christa.

In der Toilette lag ein Büschelchen Nikolausbart

Jahre, Jahre, Jahre später, ich war wohl schon 17 und lebte in Westfalen, während eines Heimaturlaubs fiel mir auf einmal dieser außergewöhnliche Nikolaus ein: „Mutti, wer war eigentlich bei G. der Nikolaus?" Mutti fiel aus allen Wolken: „Was, das weißt du nicht?" Und sie erzählte mir, wie sie den Kollegen bei Schlöbcke von „unserem Weihnachtsmann" vorgeschwärmt hatte. Männlein und Weiblein taten sich daraufhin zusammen, nähten, bastelten und klebten die Dinge zusammen, die nach ihrem Dafürhalten – äußerlich – einen Bischof ausmachen: Mitra, weißes Gewand, rote Stola, Bischofsring und Krummstab. Und am liebsten wären sie auch noch dabei gewesen! Ich war fassungslos und wollte es erst gar nicht glauben! Genau in diesem Moment fiel mir ein, dass ich damals, einen Tag später, in der Toilette ein Büschelchen Nikolausbart gefunden, dies aber nicht weiter beachtet hatte. Damit wurde Muttis Geschichte „beglaubigt". Aber dass es bis zur Aufklärung so lange gedauert hat, zeigt, dass ich den Besuch des heiligen Bischofs Nikolaus damals bei uns zu Haus für das Allernatürlichste der Welt gehalten und verarbeitet habe (ohne Schaden zu nehmen).

Aus Aktentasche wurden neue Schuhe

*Die Freude war groß, als die junge **Dietlinde Schaper** zur Tanzstunde durfte. Es gab aber ein Problem: Ihr fehlten die passenden Kleider. Da verhalf ihr fast das ganze Dorf zum richtigen Outfit.*

Im Herbst 1946 wollte ein großer Teil der Klasse – Goetheschule Hildesheim, wir waren alle 15 Jahre alt – zur Tanzstunde bei Frau Editha Meyer-Buresch. Mindestens ein halbes Jahr wurde davon geredet, und ich wollte auch gern teilnehmen. Meine Mutter war dafür. Wie ich erfuhr, war es für sie immer ein Traum geblieben, und ich sollte es nun genießen. Allerdings nur, wenn Vater vorher nach Haus kam. Das war im April 1946 eingetreten, und ich meinte, jetzt sei alles gut.

Eines Tages fragten mich Gerda und Dorli, ob ich denn auch Kleider für die Tanzstunde hätte. An so was hatte ich überhaupt noch nicht gedacht. Du musst zur Vorstellung und zum Mittelball ein schickes Kleid haben und zum Abschiedsball ein langes Kleid. Außerdem ist zehn Mal Tanzstunde, und da kannst du auch nicht immer mit demselben Kleid hinkommen. Mir schwammen alle Felle weg, und ich ging traurig nach Haus.

Frau Walhorn, die Näherin, hatte schicke Ideen

Als ich das meiner Mutter erzählte, tröstete sie mich und sagte, sie wüsste das und hatte sich schon überlegt, wie das gehen sollte. Mutter hatte ein weißes Seidenleinenkleid mit einem Mantel aus gleichem Stoff. Der Man-

Juni 1947: Dietlinde Schaper ist stolz auf ihr schickes Tanzkleid.

tel wurde auseinandergetrennt, und Frau Walhorn, die eine gute Näherin mit schicken Ideen war, nähte mir ein Kleid daraus. Aus einem ausgedienten roten Kinderkleid wurden rot abgepaspelt, Taschen draufgesetzt. Das Kleid war todschick, sehr eng, weil ich größer als meine Mutter war, und der Stoff war knapp. Der Fall war geregelt.

Nun das Kleid für den Mittelball. Der Mantel ans Seidenleinen hatte weißes, dünnes Futter. Mein Bruder hatte einen neuen Anzug bekommen. Der Kinderwagen meiner Schwester war getauscht für einen Anzug. Der Mann, für den der Anzug geplant gewesen war, war gefallen. Da der Mann klein gewesen war und mein Bruder groß, reichte der Stoff nicht für eine Weste, aber das schwarze Futter – sehr stark – war über. Nun sollte aus dünnem weißem Stoff und dickem schwarzen Futterstoff ein Kleid gezaubert werden. Das war nicht einfach, aber Frau Walhorn meisterte auch das.

Jetzt fehlte noch der Unterrock für das Ballkleid

Dann das Ballkleid. Mutter hatte ein dreiviertellanges blaues Seidenkleid. Eine Bekannte meiner Eltern spendete spontan ihren Brautschleier, den sie aufgehoben hatte. Der Schleier war aus Baumwolle. Leider hatte das Geld für einen besseren Schleier nicht gereicht. Für mich war das gut. Daraus schneiderte Frau Walhorn ein langes, blau-weißes Kleid mit Puffärmeln. Wunderbar! Aber, da musste natürlich ein Unterrock darunter. Was nun? Frau Walhorn meinte, sie habe Ilsemarie Lücke ein wundervolles Hochzeitskleid mit prima Unterrock genäht, und sie glaubte, dass Ilsemarie das blau gefärbt habe. Aber Ilsemarie

war an Krebs gestorben, konnte man die Mutter fragen? Alle, außer meiner Mutter, redeten mir zu, ich solle doch ruhig zu Lückes gehen, sie würden mich verstehen.
Richtig herzlich war Frau Lücke, und sie war überzeugt, dass Ilsemarie mir das gern geliehen hätte! Nur das Kleid war nicht blau gefärbt, sondern lindgrün! Alle haben mir eingeredet, bei Lampenlicht sieht das keiner! Naja, wir waren ja alle nicht zimperlich. So war halt halb Sibbesse behilflich, dass ich zur Tanzstunde gehen konnte!

Der Schuster war traurig, er hatte kein Leder für die Sohle

Nun war noch das Problem mit den Schuhen. Das einzige Paar Schuhe, das ich besaß, war ein braunes Herrenschuhpaar mit acht Schnürlöchern, natürlich schon mehrmals besohlt. Schuster Laue, der immer hilfsbereit alles Mögliche unternahm, um mir zu helfen, fragte: „Mädchen, was ziehst du für Schuhe an?" Das Problem war, dass ich größere Füße als meine Mutter hatte, und niemand konnte mir Schuhe leihen. Irgendwo war jemand, der aus Stoff Oberteile für Schuhe nähte. Also wurden aus einem Handtuch von Großmutters Aussteuer die Oberteile genäht. Ich weiß nicht mehr, wo meine Eltern Leder für die Sohlen „gegunkelt" hatten. Dann fehlten die Hacken. Mutter hatte alte Sommerschuhe. „Ja, dat geit", war Schusters Kommentar. Dann sollten die Schuhe gemacht werden, da kam Herr Laue selbst zu uns, und er war richtig traurig. „Ich kann es doch nicht machen, ich habe kein Leder für eine Brandsohle." Meine Mutter war kurz vorm Heulen, bis der Vater seine Aktentasche herholte und sie Herrn Laue zeigte. „Isch ja man schwer, aber dat kriege ich hin." Mein Gott, war ich stolz auf diese Schuhe!
Dann kam der Ball, der mit einer Polonaise eröffnet wurde, und ich war gut gekleidet! Nach dem ersten Tanz schaute ich auf meine Schuhe – und mir blieb die Luft weg! Jeder Schuh war an zwei Stellen eingerissen, das Leinentuch war den Strapazen nicht gewachsen. Ich bin sofort zu meinen Eltern – große Katastrophe –, ich musste sofort die Schuhe ausziehen, um möglichst etwas zu retten. In meinen alten, abgelatschten braunen Männerhalbschuhen habe ich aber noch herrliche Stunden getanzt.
Dass man zum Ball Tischdecke, Kuchengabeln und selbstverständlich auch den Kuchen mitbringen musste, das ist eine andere Geschichte. (Mein Vater war Lehrer, meine Eltern wohnten von 1935 bis 1949 in Sibbesse.)

Dietlinde Schaper aus Garbsen

Geboren: 1931 in Eickenrode bei Uetze
Interessen: Gartenarbeit, Lesen, Schwimmen
Beruf: Hausfrau

Ich durfte Lüttje Lagen probieren

Schützenfest war für ***Erika Conrad*** *immer ein besonderes Ereignis. Mit nur ein paar Groschen in der Tasche entdeckte sie die bunte Welt aus Schiffschaukeln und gebrannten Mandeln. Der Flohzirkus hatte es ihr besonders angetan.*

Unser Hauswirt war ein paar Mal Schützenkönig. Dann wurden wir schon frühmorgens durch laute Musik geweckt. Der König wurde abgeholt. Von ihm bekam ich zwei Groschen, damit ging ich zum Schützenplatz, das war sehr weit. Wenn ich am Polizeirevier Harden-

Familienausflug im Tiergarten im Jahr 1923.

Erika Conrad aus Isernhagen

Geboren: 1919 in Hannover
Interessen: allgemeine Interessen
Beruf: Schneiderin

bergstraße vorbeikam, habe ich erst einmal aufgeatmet, nun war es nicht mehr allzu fern.

Ein Groschen, und das Geld war fast ausgegeben

Auf dem Platz suchte ich als Erstes die Schiffschaukeln. Dort musste das Holzschiff an langen Stangen, mit viel Kraft und Kniebeugen, hochgebracht werden; wenn ich dann fast bis an die Decke kam, war ich sehr stolz. Ich ging in die Zelte, guckte zu, wie die Lüttjen Lagen ausgeschenkt wurden, und bekam auch mal einen Schluck zum Probieren. Leckerer waren die gebrannten Mandeln. Ein Groschen, und das Geld war fast ausgegeben. Lieber aber ging ich dafür in das Zelt „Flohzirkus". Auf Seilen tanzten die Flöhe allerliebst. Auch eine kleine goldene Kutsche zogen sie. Sie waren gut dressiert. Staunend stand ich vor den beiden: „das Kalb mit den zwei Köpfen" oder „die dickste Frau der Welt". Auch ein Spiegelkabinett war auf dem Platz. Zum Schluss ging ich wieder zu den Holzschiffen und probierte meine Kraft.

Vorm Kaufmannsladen aus dem Abtreter Groschen geangelt

Manchmal habe ich mir zu Haus eine Angel (Bindfaden und Magnet) gebastelt, nach Ladenschluss ging ich zu unserem Kaufmannsladen. Vor dem Eingang war ein Abtreter, ein Gitter, da hinein fielen manchmal Groschen, wenn die Käufer unvorsichtig ihr Geld beim Heimgehen einsteckten. Dann angelte ich und hatte ein paar Groschen mehr für den Spaß auf dem Schützenplatz. Da konnte ich mir auch einen roten Zuckerapfel leisten, türkischen Honig oder ein Lebkuchenherz zum Umhängen.
Schützenfest war immer etwas Besonderes im Jahr. Auch für die Kaisertochter, denn Victoria Luise schaute immer zu oder fuhr in der Kutsche mit.

Erika Conrad 1920 mit ihrer Oma.

Und am Wochenende ging's ins Hozo

***Elke Molle** und **Angelika Schusters** sind seit 46 Jahren Freundinnen. Sie verbrachten auch ihre Teenagerjahre gemeinsam in Wolfsburg – und erinnern sich an so manchen Discoabend.*

Unsere Freundschaft begann 1968 auf der Klassenfahrt der Friedrich-von-Schiller-Schule in St. Andreasberg. Wir, das sind Elke Molle (geb. Müller) und Angelika Schusters. Aufgewachsen sind wir in der Bebelstraße und am Köhlerberg.
Wolfsburg hatte zu der Zeit noch nicht viel zu bieten, aber unser Alltag war jeden Tag ausgefüllt. Wir haben viel draußen gespielt, nach der Schule ging es zum Rollschuhplatz hinter der Stadthalle, ins VW-Bad und zum Spielen ins Hasselbachtal zu den Drei Steinen. Beliebte Spiele waren Völkerball, Gummitwist und Himmel und Hölle. Ein beliebter Treffpunkt für uns Kinder war das Kulturzentrum. Hier gab es viele Angebote wie Tischtennis, Gesellschaftsspiele, Theater AGs und Volkstanz. Mit 14 stand man oft am Flipper-Automaten, nicht etwa, um zu spielen, sondern weil man die Jungs beeindrucken wollte. Unser persönliches Highlight fand freitagnachmittags statt. Da war Disco angesagt, von unseren Eltern auch „Kinderschubsen" genannt. Die Jungs standen links, die Mädchen standen rechts. Und alle Mädchen warteten darauf, mit den Worten „Willste tanzen?" aufgefordert zu werden. So entstanden oftmals die ersten Freundschaften zwischen Jungen und Mädchen.

Elke Molle (rechts) und Angelika Schusters.

Das Ehepaar nahm uns auch mal die Zigaretten aus der Hand

Auch wir beide haben hier unsere erste Liebe kennengelernt. Wir erinnern uns noch an das Ehepaar Herr und Frau Lüdgemann, die im Kulturzentrum unsere Ansprechpartner waren, immer ein offenes Ohr hatten und uns aber auch die Zigaretten aus der Hand nahmen, wenn wir wieder besonders cool sein wollten. Um sich die Cola im Kulturzentrum leisten zu können, verdienten wir uns ein wenig Taschengeld mit Babysitting in der Siedlung. Die Zeit im Kulturzentrum hat uns beide sehr geprägt und ist heute noch oft bei einem Glas Sekt Gesprächsthema.
Als wir etwas älter wurden und unsere Ausbildungen begannen, waren unsere Lieblingsdiskotheken das London-Pub, wenn's mal ein bisschen wilder werden sollte, das Hozo (heute Esplanade) und der Safe Club sowie Commode 2000. Schlendern wir heute durch die Porschestraße, erkennen wir noch das ein oder andere Gesicht aus dieser schönen, alten Zeit. Heute schauen wir auf eine Freundschaft von 46 Jahren zurück.

Elke Molle aus Wolfsburg

Geboren: 1956 in Wolfsburg
Interessen: Lesen, Sport, Partys
Beruf: Friseurin

Angelika Schusters aus Wolfsburg

Geboren: 1957 in Wolfsburg
Interessen: Lesen, Sport, Partys
Beruf: Einzelhandelskauffrau

Kaffeebohnen im Pudding suchen

*Ihre Kindergeburtstage hat **Helga Wortmann** noch so gut vor Augen, als wären sie erst vor Kurzem gewesen. Das Mädchen bekam viel Schokolade geschenkt und spielte mit ihren Freunden Topfschlagen und Vier-Ecken-Raten.*

An meine Kindheit erinnere ich mich gern. In den vierziger und fünfziger Jahren gab es nicht viel, doch wir Kinder waren auch mit wenig zufrieden und glücklich. Wurde ich zu einer Geburtstagsfeier eingeladen, freute ich mich riesig. Auch auf meiner Geburtstagsfeier hatte ich meistens zehn bis zwölf Gäste, Mädchen, auch Jungen. Jedes Kind schenkte mir eine Schokolade. Später dann bekam ich wunderschöne Sammeltassen mit Goldrand, die ich heute noch habe und in Ehren halte. Zum Kaffee gab es Lindes Kaffee* und Kakao und selbst gebackenen Kuchen, das waren ein Frankfurter, ein Erdbeerboden und ein kalter Hund, den meine Mutter gebacken hatte. Sie konnte toll backen.

Wer eine Bohne erwischte, bekam ein kleines Geschenk

Anschließend stellten wir uns der Größe nach für ein Foto auf. Da ich die Jüngste und Kleinste war, stand ich als Letzte, was mir gar nicht gefiel. Nun begannen wir mit Gesellschaftsspielen. Vier-Ecken-Raten, Topfschlagen, „Alle Enten fliegen hoch in die Luft“, Augenzwinkern und viele mehr. Es kam auch vor, dass eines von den Kindern die Feier vorzeitig verließ, weil irgendetwas unpassend war. Wir Kinder sagten, er oder sie ist „bockig“. Zum Abendbrot gab es Würstchen und große Schalen mit Pudding, worin Kaffeebohnen versteckt waren. Es wurde um die Wette gegessen. Wer eine Bohne erwischte, bekam ein kleines Geschenk. So ging ein schöner Geburtstag zu Ende, und ich freute mich schon wieder auf den nächsten.

**Malzkaffee*

Helga Wortmann (ganz rechts) feierte immer mit vielen Kindern Geburtstag.

Helga Wortmann aus Neustadt-Laderholz

Geboren: 1942 in Lutter/Neustadt am Rbg.
Interessen: Backen, Lesen, Schwimmen, Garten
Beruf: Landfrau

Wenn sich Düfte malen ließen

*Wenn **Marie-Luise Prövestmann** an die Kindheit und Adventszeit denkt, erinnert sie sich auch an die Düfte von damals: den Limonenduft eines Rauchverzehrers, Zigarrenrauch und den Geruch von Ölfarbe.*

Marie-Luise Prövestmann aus Hämelerwald

Geboren:1951 in Peine
Interessen: Garten, Wandern, Radtouren, Patenkinder (7), Lesen
Beruf: Kinderbuchautorin und Lehrerin

Für viele Menschen verbindet sich mit der Adventszeit der köstliche Duft nach Selbstgebackenem. Doch ich habe ganz andere Düfte an diese Zeit in meiner Erinnerung bewahrt: den Limonenduft eines Rauchverzehrers, Zigarrenrauch und den Geruch nach Ölfarbe. Während ich ganz vorsichtig ein Stück Schokolade aus der Bonbonniere mit dem Goldrand nehmen darf, zieht mein Großonkel, den ich nur mit schlohweißem Haar kannte, genussvoll an seiner Zigarre und taucht einen Pinsel in Ölfarbe, um die letzten Buchstaben auf ein hölzernes Schild zu malen. „Weihnachtsbäume aus eigenem Schlag" steht in schwungvollen Lettern darauf.
Der „eigene Schlag" war unser Waldgarten, in dem 5000 Fichten und Blautannen auf ihren Auftritt im Lichterglanz warteten. Der Duft nach frisch geschlagenem Holz, nach Harz und Tannengrün gehört für mich untrennbar zur Vorweihnachtszeit.

Vater versuchte, den prächtigsten Baum für die Familie zu retten

Bis zum Verkauf wurden die Nadelbäume im kühlen Keller des elterlichen Gebäudes aufbewahrt. Das ganze Haus duftete im Advent nach einem Tannenwald. Mein Vater stellte den prächtigsten Baum weit nach hinten, um ihn für uns zu retten. Doch das gelang ihm nie, denn der Kunde war König. Für uns blieb stets nur eine recht kümmerliche Fichte, die mein Großonkel mit Zweigen, die in gebohrte Löcher gesteckt wurden, aufzuwerten suchte. Dieser Baum kam dann zum Fest in die gute Stube, die nur an besonderen Feiertagen geöffnet wurde.

Das Ofenrohr roch nach frischen Farben wenn es warm wurde

Da wir damals noch keine Heizung hatten und der Ofen in besagter guter Stube sehr selten angezündet

Am Ball: Marie-Luise Prövestmann macht große Augen.

wurde, roch das Ofenrohr immer nach frischer Farbe, wenn es warm wurde. Auch hing der Geruch nach Möbelpolitur im Raum. Tannen- und Farbduft vermischten sich am Heiligen Abend mit dem Wohlgeruch vieler Bienenwachskerzen und dem einer besonders guten Festtagszigarre meines Großonkels.

Das Duftpotpourri glich wohl einem Foto in Sepiabraun

Wenn sich dieses Duftpotpourri malen ließe, so gliche es wohl einem alten Foto in Sepiabraun – zum einen wegen der Zigarre, zum anderen, weil ich mittlerweile weit mehr als ein halbes Jahrhundert auf meine Kindertage zurückblicke.

Duftende Adventszeit: Marie-Luise Prövestmann, ein wenig nachdenklich.

Mit Briketts zur Tanzstunde

Eine Tanzschule besuchen war kurz nach dem Zweiten Weltkrieg nicht so einfach wie heute. Ob Tanzpartner oder Ballkleid – Lehrer und Schüler mussten viel improvisieren. Daran kann sich ***Karin Körner*** *noch gut erinnern.*

Karin Körner (dritte Reihe, Dritte von links) besucht 1948 eine Tanzschule.

Karin Körner aus Hannover

Geboren: 1931 in Weferlingen bei Helmstedt
Interessen: ehrenamtliche Tätigkeiten, Schwimmen, Studienreisen
Beruf: kaufmännischer Beruf

Wir waren circa 16 Jahre alt und besuchten die Oberschule. Ein Klassenkamerad brachte uns in einer Druckerei die ersten Tanzschritte bei. Da kam ein Angebot eines Tanzlehrers aus der Kreisstadt. Wir meldeten uns an, außer den Kosten mussten Briketts mitgebracht werden, damit der Saal geheizt werden konnte. Dann kam 1948 die Währungsreform, verständlicherweise forderte der Tanzlehrer eine Nachzahlung, was unseren Eltern bei 40 Mark Kopfgeld natürlich nicht leichtfiel – aber alle durften weitertanzen.

Die Mädchen mussten mit „alten Männern" tanzen

Damals fehlten Herren, der Tanzlehrer besorgte welche aus einem anderen Kurs. Die waren schon über 20 Jahre alt. Wie taten uns die Mädchen leid, die mit diesen „alten Männern" tanzen mussten! Ein Problem waren passende Schuhe und Kleidung, manch einer trug Geborgtes – ich hatte das Glück, dass mir ein festliches Kleid meiner Mutter passte. Ob es beim Abschlussball Essen und Trinken gab, weiß ich nicht mehr, wenn ja, haben wir bestimmt alles selbst mitbringen müssen.

Schwofen auf dem Hof

Ende der vierziger Jahre haben sich ***Ruth Kuhtz*** *und ihre Freunde das Tangotanzen selbst beigebracht. Sie brauchten nicht viel: ein Grammophon und ein paar Schallplatten mit deutschen Schlagern.*

Es war zwischen Kriegsende und Währungsreform. Ich war zehn bis zwölf Jahre alt und wohnte mit meiner Mutter und meiner fünf Jahre älteren Schwester (mein Vater war kurz vor Ende des Krieges noch gefallen) am Mittelfelde. Das ist die Straße, die von Bemerode nach Wülfel führt, heute Wülfeler Straße und um einiges breiter, aber damals der ideale Platz zum Spielen, denn es gab so gut wie keinen Autoverkehr. Wir liefen Rollschuh und spielten mit Leidenschaft Völkerball. Auch Klipp, Hinkekasten und Reifenschlagen waren sehr beliebt.

Auf den leeren Straßen konnte Ruth Kuhtz prima Rollschuh laufen.

Wir vergnügten uns im Hof mit Singen und Tanzen

In dieser Zeit lernte ich auch das Tangotanzen. Meine Schwester hatte Freunde eingeladen, Schwof auf dem Hof! Ich durfte mit meiner Freundin auch dabei sein. Ein Junge hatte ein Grammophon und Schallplatten mitgebracht, und wir vergnügten uns mit Singen und Tanzen an manchem warmen Sommerabend. Natürlich hatten wir nur deutsche Schlager, wie zum Beispiel „Ein Musikus, ein Musikus weiß immer, was er spielen muss" oder „In einer kleinen Konditorei, da saßen wir zwei ...". Besonders beliebt war „Schenk mir eine Tafel Schokolade und ich schenk' dir einen Kuss". Den Text sangen wir natürlich alle mit.

Ein Freund meiner Schwester zeigte mir, wie man Tango tanzt. Dabei nahm er mich fest in den Arm und sagte: „Auch wenn du mir keine Schokolade geben kannst, kriegst du trotzdem einen Kuss." Und dann gab er mir ein harmloses Küsschen auf den Mund.

Aus dem Schokoladenlied wurde später ein Gesellschaftsspiel: „Schokoladeessen". Eine Tafel Schokolade wurde gut eingewickelt, und während die anderen knobelten, schnell ausgepackt. Das ging reihum, und der Clou war natürlich am Ende der Genuss der süßen Sache!

An solch simplen Spielen hatten wir einen Riesenspaß.

Ruth Kuhtz aus Isernhagen

Geboren: 1935 in Hannover
Interessen: Singen, Gymnastik, Handarbeiten
Beruf: Sekretärin

Sirup-Kekse zu Weihnachten

Die Nachkriegsjahre waren auch in Wolfsburg eine harte Zeit. ***Elisabeth Elzner****, in Sandkamp geboren, erlebte diese Zeit mit und blickt auf ein Weihnachtsfest mit Keksen, viel Sirup und einem ganz besonderen Tannenbaum zurück.*

Es war im Jahr 1945 oder 1946. Zu der Zeit war das Wichtigste, dass man etwas zu essen hatte. Also wurde getauscht, gehamstert und organisiert. Im Herbst gab es Zuckerrüben, aus denen man prima Sirup kochen konnte. Wir hatten damals noch eine Waschküche mit einem schönen eingemauerten Kupferkessel und auch eine kleine Saftpresse. Was lag da näher, als ordentlich Sirup zu kochen? Aber nicht nur wir kochten Sirup, sondern die halbe Stadt kochte bei uns, denn es hatte sich herumgesprochen, dass wir noch einen Kessel hatten.

Die Fallersleber Straße (heute Hesslinger Straße) im Jahr 1956: Hier lebte Elisabeth Elzner mit ihrer Familie.

Mit dem Teig gingen wir zum Bäcker – er mangelte ihn aus

Von Herbst bis Weihnachten wurde jeden Tag Sirup hergestellt, und weil die Waschküche direkt neben unserer Küche war (es war nur eine Tür dazwischen), roch das ganze Haus nach Sirup. Sirup ist etwas Feines. Man kann ihn pur aufs Brot schmieren, zum Süßen von Milchsuppe ist er ebenfalls geeignet, zusammen mit Kürbis, den es auch noch gab, konnte man daraus eine delikate Marmelade kochen. Auch zum Keksebacken war er sehr geeignet. Keksebacken war damals ein Ereignis. Es wurde nicht – wie heute – von einem Pfund Mehl gebacken, sondern der Teig wurde gleich in einer großen Holzmolle geknetet. Dann gingen wir mit dem Teig zum Bäcker. Der mangelte ihn aus, und wir Kinder durften dann die Kekse ausstechen, und Mutter legte sie dann auf große Bleche zum Backen.

Die Försterfrau wimmelte die Mutter ab, sie aber blieb hartnäckig

Da nicht nur wir Kekse backten, sondern noch mindestens zehn Familien (alle mit Kindern), war die Backstube der reinste Kindergarten.

Elisabeth Elzner aus Wolfsburg

Geboren: 1935 in Sandkamp
Interessen: Geschichte
Beruf: Stenotypistin

Jedes Kind wollte die schönsten Formen haben, und so ergab sich manche Rangelei. Aber schön war es doch. Wenn die Kekse gebacken waren, kamen sie in eine große Kiepe. Fröhlich zogen wir nach Hause, und es konnte Weihnachten werden.

Sie ging in die Scheune und kam mit einem Weihnachtsbaum zurück

Und es wurde Weihnachten. Es war Heiligabend und über Sirupkochen, Keksebacken und weitere Aktionen hatten wir vergessen, einen Weihnachtsbaum zu kaufen. Unsere Mutter ging los, aber in der ganzen Stadt gab es keine Weihnachtsbäume mehr. Wir waren sehr traurig, diese schlechten Zeiten und noch nicht einmal einen Weihnachtsbaum.
Da hatte unsere Mutter einen Einfall. Sie kannte den Förster. Also aufs Fahrrad, und trotz Kälte und Schnee fuhr sie nach Rothehof. Dort klingelte sie. Die Förstersfrau öffnete und fragte, was sie wollte. Mutter sagte, dass sie den Förster sprechen wollte. „Ist nicht da“, Tür zu. Mutter gab nicht auf und versuchte es erneut. Mutter fragte, ob sie noch einen Weihnachtsbaum bekommen könnte. „Keiner mehr da“, war die Antwort. Tür zu. Mutter versuchte es ein drittes Mal und kam dann mit der Förstersfrau ins Gespräch über die lausigen Zeiten und über ihre zwei Kinder, die nun noch nicht einmal einen Weihnachtsbaum hatten! Da wurde es der Frau wohl warm ums Herz. Sie ging in die Scheune und kam mit einem Weihnachtsbaum zurück, den sie unserer Mutter schenkte.
Es dämmerte schon, als Mutter zurück kam. Da war die Freude groß. Es wurde noch ein schönes Fest. Wir hatten eine warme Stube, unsere Sirup-Kekse und dazu noch einen schönen Weihnachtsbaum.

Schule und Arbeit

In der Schule und bei der Arbeit herrschten früher andere Regeln als heute. Strenge Lehrer und Chefs, die alle kontrollierten, waren an der Tagesordnung. Die Menschen haben viel fürs Leben gelernt.

Kein Mantel aus Wolldecken mehr

In den Kriegswirren kam die Familie von ***Anneliese Cárdenes*** *nach Hannover. Das Leben war nicht einfach, denn es gab nicht viel. Nahrungsmittel besorgten sich die Menschen auf dem Schwarzmarkt und bei den Bauern auf dem Land. Mit dem Besuch der Wirtschaftsschule Buhmann begann für die junge Frau aber eine neue Zeit.*

Das Kriegsende habe ich in Volpriehausen im Landkreis Northeim erlebt. Dort hatten die oberen Schulklassen französische Beute-Gewehre in einem Stollen gereinigt und geölt. Plötzlich war das Militär fort, und wir waren auf uns allein gestellt.

Irgendwie kamen wir – unterwegs noch beschossen – bis Hannover. Ich hatte kein Zuhause mehr, und so nahm eine Freundin mich mit zu sich nach Kleefeld. Dort erlebte ich den Einmarsch der Amerikaner. Die Menschen jubelten. Endlich war alles vorbei. Die Zivilisten mussten ihre Gewehre abgeben. Wir erhielten Lebensmittelmarken und standen nun ab 4 Uhr morgens für Brot an.

Anneliese Cárdenes erlebte als junge Frau den Krieg.

Manchmal fiel von den Zügen ein Kohlkopf herunter

Wir wurden britische Besatzungszone. Mein Vater kam aus dem Krieg zurück, und wir bezogen ein Zimmer, wie viele andere Familien auch. Der Schwarzmarkt oder die Hamsterfahrten aufs Land waren die einzigen Quellen, um Nahrungsmittel zu besorgen. Ich schlug mich einmal mit einer Freundin zu einem Bauern in Waldeck durch, wir standen mit vielen anderen Leuten auf dem Trittbrett eines Zuges. Wir Kinder hielten uns auch an den Strecken der Güterbahn auf, denn wenn wir Glück hatten, fiel ein Kohlkopf von den Zügen herunter.

Mit der Währungsreform 1948 bekam jeder 40 D-Mark. Ich war damals ohne Schulabschluss, es gab keine Lehrer und kein Schulgebäude. Da ich gern in einem Büro arbeiten wollte, meldete ich mich bei der Wirtschaftsschule Buhmann an – es war die einzige Wirtschaftsschule, die zu dieser Zeit geöffnet hatte. Es herrschte ein großer Andrang, deshalb mussten wir eine Eignungsprüfung ablegen. Das Schulgeld kostete 60 D-Mark.

Anneliese Cárdenes aus Hannover

Geboren: 1928 in Marburg/Lahn
Interessen: klassische Musik, Oper, Theater, Lesen, Sport
Beruf: Bürokauffrau

Anneliese Cárdenes als Zehnjährige füttert bei ihrem Onkel in Kirchrode ein paar Hühner.

Die Regale füllten sich auf wundersame Weise

Wir bekamen in der Schule ein Mittagessen. Im Winter musste jeder ein Brikett mitbringen. Das war auch beim Friseur so. Mein Englischlehrer war Leo Brawand*, der später bei der Hannoverschen Allgemeinen Zeitung arbeitete. Er war damals nicht sehr viel älter als wir. Ein Buch von ihm wurde in der HAZ veröffentlicht, und ich schrieb in einem Leserbrief, dass ich seine Schülerin gewesen sei. Er schrieb mir einen netten Brief zurück. An meine Person konnte er sich nicht erinnern, wohl aber daran, dass ich ihm amerikanische Illustrierte mitgebracht hatte. Denn mein Vater arbeitete bei den Amerikanern.
Eines Tages kam jemand vom Arbeitsamt in die Klasse, und jeder bekam drei Anschriften von Firmen, bei denen wir uns bewerben konnten. Da ich von der Buhmann-Schule kam und einen Abschluss von der Industrie- und Handelskammer in der Tasche hatte, blieb mir eine Lehre erspart. Dann ging es nach und nach bergauf. Die Regale füllten sich auf wundersame Weise mit Waren – und ich brauchte keine Bluse mehr aus Fallschirmseide oder einen Mantel aus Wolldecken.

**Leo Brawand, 1924 in Hannover geboren und 2009 in Hamburg gestorben, war Journalist, Mitbegründer und Chefredakteur des „Spiegel", Herausgeber des „Manager Magazins" und Buchautor.*

Hosen tragen für Frauen verboten!

Einige Jahre nach der Haushaltsschule in einem Kloster arbeitete ***Regina Urbanietz*** *in derselben Einrichtung. Da machte sie versehentlich einen Fehler: Sie trug eine lange Hose. Das brachte ihr mächtig Ärger mit der Oberin ein.*

Regina Urbanietz aus Garbsen

Geboren: 1934 in Glumpenau/Oberschlesien
Interessen: Radfahren, Gymnastik, Schwimmen
Beruf: im Kunstgewerbe tätig

Mit 17 Jahren kam ich aus der Schule. Ich hatte das Glück, durch die Caritas für zwei Jahre die Haushaltsschule in Aachen zu besuchen, die von Ordensfrauen geleitet wurde. Nebenan war ein Kinderheim. Nach einigen Jahren ging ich noch einmal in das gleiche Haus zurück und war dort als Angestellte in der Küche tätig.

Regina Urbanietz, Anfang 20, hatte einen strengen Arbeitgeber.

Plötzlich erschien die Oberin in der Küche

Es war an einem Samstag, und ich hatte meinen freien Nachmittag, machte mich also schon in der Mittagspause stadtfein. Ich zog eine lange Hose an und einen Kittel darüber. Da ich noch einiges zu erledigen hatte, ging ich noch einmal in die Küche. Plötzlich erschien die Oberin aufgeregt in der Küche. Man hatte ihr zugetragen, dass ich eine lange Hose trage. Ich musste ihr in die begehbare Speisekammer folgen, dort befahl sie mir, sofort die Hose auszuziehen, was ich nicht konnte, da der Kittel zu kurz war und ich keinen Rock bei mir hatte. Es war unwürdig für eine Frau, eine lange Hose zu tragen. Ich hielt mich an die Regel und trug nur noch außerhalb des Klosters eine lange Hose.

Der Lehrer war eigentlich Gärtner

Die Lernbedingungen kurz nach dem Zweiten Weltkrieg waren in den Dorfschulen alles andere als gut. ***Sieglinde Rohner*** *erlebte einen strengen Schulamtsanwärter, der im Unterricht seinen Eintopf aufwärmte und die Schüler immer das Lied von den Moorsoldaten singen ließ.*

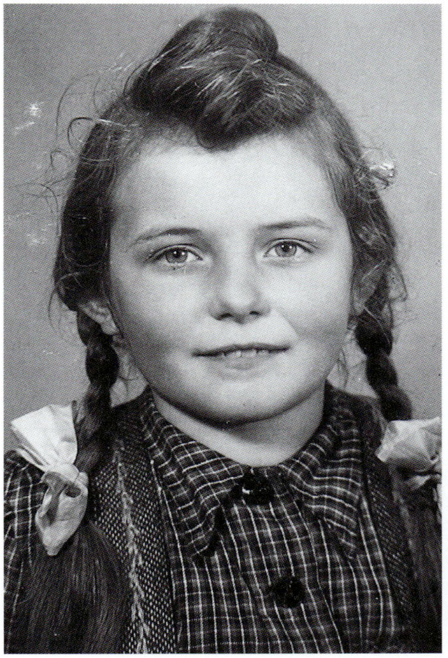

Sieglinde Rohner als Schülerin.

Geboren 1937 in einem brandenburgischen Dorf, die Kindheit auch dort wohlbehütet in einer Großfamilie mit Großeltern, Eltern und Schwestern verbracht. 1945 wurde plötzlich alles anders. Schon vorher kamen Kinder aus Berlin, die mit ihren Müttern evakuiert wurden, in unsere Schule. Die stillen Dörfer wurden belebter, als die Flüchtlinge und die Vertriebenen aus den östlichen Gebieten zu uns kamen. Sie wurden aber staatlicherseits als „Umsiedler" bezeichnet. Monatelang hatten unsere zwei Schulen über 200 Schüler. Und mit den neuen Schülern wurden auch neue Lehrer gebraucht.

Das Schlimmste war der Musikunterricht

Zum neuen Schuljahr 1946/47 begann ein Schulamtsanwärter seinen Dienst. Er war Gärtner von Beruf. In allen Fächern – ich war damals in der vierten Klasse – „erteilte" er Biologie. Das Diktat – ein Text aus Feld, Wald oder Garten – ebenso ein Aufsatz. Rechnen: „Wir pflanzen in eine Reihe so und so viel Kohl, wie viel wären es in drei Reihen?" Oder ähnliche Aufgaben. Das Schlimmste war der Musikunterricht. Wir sangen immer und immer wieder das Lied von den Moorsoldaten. Klappte es nicht, mussten wir nachsitzen.

Weil die Schulhäuser zu klein waren, fand für unsere vierte Klasse der Unterricht dort statt, wo einst die Landdienstmädchen untergebracht waren. Nebenan war der Kindergarten mit einem Zimmer für die Kindergärtnerin. In beide Räume, die im Erdgeschoss lagen, konnte man von außen leicht einsteigen. Die Kindergärtnerin war die Freundin des Lehrers, der offiziell im Schulhaus wohnte. Sehr häufig kam er aber aus dem Kindergarten, wenn wir schon in der Klasse saßen. Er klopfte ans Fenster, wir öffneten, und „schwuppdiwupp" warf er sein Bein in den Raum und zog das andere nach. Er hatte nämlich ein Holzbein.

Passte ein Schüler nicht auf, musste sein Nachbar ihn ohrfeigen

Beheizt wurde die Schulstube mit einem Kanonenofen, der dem Lehrer gleichzeitig als Herd diente. Hier erwärmte er seinen Eintopf während des Unterrichts. Passte ein Schüler nicht auf, musste der Nachbar ihn ohrfeigen. Tat dieser das nicht, bekam er selbst „eine gescheuert". Die Beschwerden der Eltern häuften sich, und die Bemühungen um seine Versetzung verstärkten sich. Aber erst zum 1. Juni 1948 erfolgte seine Versetzung. Die Chronistin schreibt dazu: „Er hat sich als ungeeignet, ja untragbar für den Schuldienst erwiesen."

Sieglinde Rohner aus Hannover

Geboren: 1937 in Niederseefeld/ Brandenburg
Interessen: historische Literatur, Romane, Ahnenforschung, Pflege des Niederflämischen Platt
Beruf: Lehrerin

Strafarbeit am heißen Sommertag

***Barbara Ladenthien** hat die strengen Schulpraktiken der fünfziger Jahre am eigenen Leib erfahren. Als Neunjährige musste sie zur Strafe ein Kirchenlied abschreiben. Doch ihr Vater hat es der Lehrerin mit gleicher Münze heimgezahlt.*

Ich besuchte die damalige Volksschule Bolzum. Im dritten und vierten Schuljahr fiel unsere Lehrerin wegen Krankheit oft lange aus. Eine äußerst strenge Vertreterin wurde mit ihren Aufgaben betraut. Ihr Religionsunterricht fiel nicht unbedingt kindgerecht aus, denn wir bekamen als Hausaufgabe mehrere Bibelsprüche zum Auswendiglernen auf.

Ich mühte mich einen ganzen Nachmittag mit Bibeltexten ab

Ich war damals neun Jahre alt und mühte mich einen ganzen Nachmittag in unserem Garten damit ab, die Bibeltexte in meinem Kopf zu behalten, deren Sinn ich aber nicht verstand. Am Abend hörte mich meine Mutter ab; ich konnte alles richtig aufsagen.
Doch leider kam am nächsten Tag alles ganz anders. In der Schule bei der Probe mit den Texten bin ich völlig durcheinandergeraten.

Alle Freundinnen gingen baden, ich musste acht Strophen abschreiben

Die Lehrerin glaubte mir nicht, dass ich die Bibelsprüche gelernt hatte. Zur Strafe musste ich aus dem evangelischen Gesangbuch an einem heißen Sommertag, als alle meine Freundinnen im nahe gelegenen Stichkanal baden gingen, alle acht Strophen des Lieds „Oh Gott, du frommer Gott" abschreiben. Zuerst musste meine Mutter für mich den gesamten Text abschreiben, weil das Buch in Frakturschrift gedruckt war – somit für mich noch nicht leserlich. Erst dann konnte ich das Lied mit seinen acht Strophen mit Federhalter und Tintenfass in mein Heft übertragen. Zudem musste mein Vater die Strafarbeit unterschreiben. Das tat er auch am Abend, verwies aber zugleich bei der Unterschrift auf das Markus-Evangelium, Kapitel 9, Vers 42 des neuen Testaments! Erst viele Jahre später erzählte mir mein Vater, der als junger Mann schon ziemlich bibelfest war, was dort steht: „Und wer einem dieser Kleinen, die an mich glauben, Ärgernis gibt, dem wäre es besser, dass ihm ein Mühlstein an seinen Hals gehängt und er ins Meer geworfen würde!"

Barbara Ladenthien aus Sehnde

Geboren: 1949 in Hannover
Interessen: Kreuzworträtsel, Lesen, Musik
Beruf: Reisebürokauffrau

Barbara Ladenthien ist in der ersten Reihe die Zweite von rechts.

Autos für Schmeling und Siedhoff

***Maria Jacobs** war von 1956 bis 1962 die Leiterin der Abteilung für den Gebrauchtwagenverkauf im VW-Werk – eine Frau als Chefin war damals nicht selbstverständlich. Durch ihre berufliche Tätigkeit traf sie viele Prominente.*

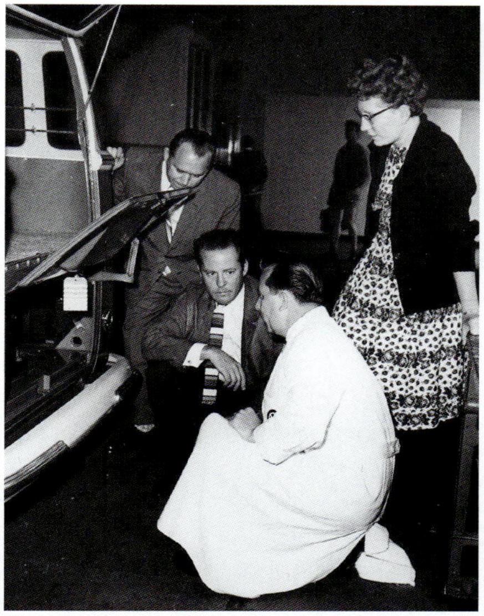

Prominente Kunden: Schauspieler Joost Siedhoff, Star der TV-Serie „Die Firma Hesselbach“ (kniend Mitte) im VW-Werk. Rechts Maria Jacobs.

Joost Siedhoff, Max Schmeling – bei uns gingen damals viele Prominente ein und aus. Als Leiterin der Abteilung für den Gebrauchtwagenverkauf im VW-Werk von 1956 bis 1962 traf ich Schauspieler und Politiker, auch der damalige Familienminister Franz-Josef Wuermeling war unter den Kunden, der Wolfsburger Pastor und spätere Prälat Antonius Holling war Stammkunde.

Die Hesselbachs aus dem Fernsehen kannte einfach jeder

Anfangs waren es natürlich Käfer, oftmals Dienstwagen, die wir verkauften, dann kamen aber auch andere Modelle dazu: Fremdfabrikate des Versuchszentrums, wie die Forschung damals hieß, waren sehr beliebt – auch Porsche waren dabei. Der Schauspieler Joost Siedhoff kaufte sich im Juni 1960 einen Bulli. Es war toll, ihn zu treffen, saß meine Familie damals doch auch abends vor dem Fernseher, um die ARD-Serie „Die Firma Hesselbach“ zu schauen, in der Siedhoff den Willi Hesselbach spielte. Die Hesselbachs aus dem Fernsehen kannte einfach jeder! Und Joost Siedhoff privat zu treffen war unglaublich, er war aufgeschlossen und freundlich. Als ich im April 1949 im VW-Werk anfing, hätte ich nie gedacht, dass ich nur ein paar Jahre später dem Boxer Max Schmeling die Hand schütteln würde! Es war eine aufregende Zeit, unser Team hatte sehr viel Spaß.

Die Verantwortung hat mir sehr viel Selbstbewusstsein gegeben

Ich kam frisch von der Schule zunächst in die Buchhaltung und wechselte später in die Abteilung für den Gebrauchtwagen-Verkauf und lernte abends zu Hause in Eigeninitiative noch Steno und Schreibmaschine. Als mein Chef dann für die Produktion von Transportern nach Hannover versetzt wurde, bot man mir seinen Posten hier in Wolfsburg an. Die Arbeit und die Verantwortung haben mir sehr viel Auftrieb und Selbstbewusstsein gegeben. Als Frau war das in den 60ern unglaublich – ich verdiente mehr als mein Ehemann! Ich war eine Chefin. In den meisten Schulungen war ich die einzige Frau, die mit am Tisch saß. Aber das Kämpfen für diesen Posten lohnte sich, von den Kunden kam viel Dank zurück. Viele der Briefe habe ich heute noch; Leute, die sich für die Beratung und Geduld bedankten – wie auch das Schreiben von Joost Siedhoff, das er verfasste, als er seinen Wagen bei uns abholte.

Maria Jacobs aus Wolfsburg

Geboren: 1931 in Vorsfelde
Interessen: Reisen, Lesen
Beruf: Abteilungsleiterin bei VW

Lehrer kontrollierte die Reinlichkeit

*Erst fünfeinhalb Jahre alt war **Hans-Ulrich Witzick**, als er 1945 in einem Harzdorf eingeschult wurde. An die Schmalzbrote in der Pause denkt er gern zurück, an die sanitären Verhältnisse dagegen weniger.*

Hans-Ulrich Witzick (erste Reihe, Zweiter von links) mit seinem Lehrer und Mitschülern der zweiten Klasse.

Hans-Ulrich Witzick aus Barsinghausen

Geboren: 1939 in Berlin-Hermsdorf
Interessen: ehrenamtlicher Mentor für Haupt- und Realschüler, klassische Musik, Klavier und Geige
Beruf: Bauingenieur, leitender Beamter im Ministerium

Unser Harzdorf hatte circa 150 Einwohner, es hatte schon immer eine Schule existiert! Und trotz dieser widrigen Nachkriegssituation hatten die Bauern dieses Dorfes beschlossen: „Schule muss sein!" Als Lehrer gab es einen frohgemuten Rheinländer, einen in Köln ausgebombten Lehrer. Und genau der begann „Schule zu machen"! Ich war fünfeinhalb Jahre alt, sollte ich etwa schon eingeschult werden!? Schon damals wurde diskutiert, ob ein Kind schon oder noch nicht eingeschult werden sollte.

Der Knabe machte viel Unsinn, dann konnte er auch zur Schule gehen

Die Entscheidung meiner Erziehungsberechtigten lautete (natürlich in Abstimmung mit dem einzigen Pädagogen vor Ort, also dem Ausgebombten aus Köln): Der Knabe macht so viel Unsinn, dann kann er auch in die Schule gehen! Fazit: Ich wurde im Herbst 1945 im Alter von fünfeinhalb Jahren in die erste Klasse der achtklassigen Volksschule dieses Harzdorfes eingeschult! Aber was heißt schon „achtklassig“? Wie sah Schule in diesem Dorf wirklich aus? Es gab einen Klassenraum, der Sitzmöglichkeiten, wie im Theater abgestuft, bot und in dem alle Jahrgangsklassen eins bis acht beschult wurden. In der vorderen Bank saßen die Neulinge, also ich: Auf den höheren Bänken tummelten sich die jeweils anderen Schuljahrgänge. Unser Lehrer aus Köln beschäftigte die älteren Schüler auf den höheren Bänken, während er sich mit uns Kleinen befasste – oder umgekehrt! Bei insgesamt 13 Schülern war Schule hier eine sehr individuelle Angelegenheit.

Bauernjungen führten Schüler zur großen Pumpe zum Halswaschen

Rituale gab es jeden Morgen: „Habt ihr euch den Hals gewaschen und die Hände?“ Der Lehrer aus dem Rheinischen kontrollierte jeden Morgen die Reinlichkeit seiner Schüler. Waren Schüler seiner Meinung nach ungewaschen erschienen, dann führten zwei Bauernjungen aus der „Oberstufe“ den Delinquenten unter die große Pumpe auf dem Schulhof zum Halswaschen.

In der Unterrichtspause verteilte die Frau des Lehrers Schmalzbrote an die Schüler! Das war Highlight des Schulbetriebs. Negativ hingegen waren die sanitären Verhältnisse: Es gab drei Plumpsklos; und die älteren Schüler hatten ihren Spaß daran, jedes Klo zu blockieren. Manchmal mit Erfolg! Und dann? Dann ging auch mal ein Malheur in die Hose. Auch bei mir!

Bauersfrau überließ mir einen speckigen Ranzen aus Schweinsleder

Heute kostet die Grundausstattung eines Schulanfängers viel Geld. Meine damalige Ausstattung für den Schulbesuch bestand aus einem speckigen Ranzen aus Schweinsleder, der schon etliche Schülergenerationen überstanden haben musste und den mir eine nette Bauersfrau leihweise überlassen hatte; hinzu kam ein Griffelkasten aus Holz mit Schiebedeckel zur Aufnahme meines Kreidegriffels. Im Ranzen steckte als einziges Utensil eine in Holz gefasste Schiefertafel; an einem Loch im Holzrahmen waren zwei Schnürbänder angeknotet, an einem hing ein Stück Schwamm für die Reinigung der Tafel, am anderen Band war ein Topflappen angebunden zum Abtrocknen der Tafel nach dem Reinigen mit dem Schwamm. Schwamm und Topflappen baumelten außen am Ranzen, der auch Tornister genannt wurde. In meiner Schultüte, die angeblich auf einem Baum im Keller des Schulhauses gewachsen war, steckten zwei wunderbar rote Äpfel und eine pechschwarze Lakritzstange, wahrscheinlich die einzige „Süßigkeit“, die meine Eltern in der damaligen Zeit hatten auftreiben können.

Schule war für mich eine entspannte Welt, ein Erlebnisraum in einer ansonsten aus den Fugen geratenen Welt. Aber gelernt haben muss ich da doch so einiges, denn nach einem halben Schuljahr konnte ich die Tageszeitung lesen und nach einem Umzug der Eltern gleich ins zweite Schuljahr einsteigen – und das alles vor nunmehr 68 Jahren!

Die Schulzeit auf dem Lande

Schlechte Busverbindungen und Schulaufgaben in der Bahnhofswirtschaft – das schwere Leben einer Schülerin, die auf dem Land wohnte und nach Gifhorn pendeln musste, erfuhr ***Erika Heinze*** *aus Ehra-Lessien aus erster Hand.*

Von drei älteren Geschwistern gut behütet, wuchs ich in Lessien auf. Es war ein kleiner Ort, in dem es nicht viele Kinder gab. Bei der Einschulung waren wir zwei Mädchen. Wir gingen bei Wind und Wetter nach Ehra (zwei Kilometer entfernt) zu Fuß. Im Winter trockneten wir die Schuhe am großen Schulofen.
In der dritten Klasse bekam ich ein Fahrrad. Die Straße nach Ehra bestand aus vielen Schlaglöchern, eine Folge des Krieges. Es war ein schwieriges Fahren. Später gab es drei Fahrräder, die unterwegs unter uns Kindern getauscht wurden.
Zwei Klassen wurden zusammen unterrichtet. Da meine Eltern sehr aufgeschlossen waren, fuhren wir schon bei Busreisen mit, die zum Beispiel in den Harz oder nach Hamburg gingen. Meine Mutter besuchte mit mir die Weihnachtsmärchen in Braunschweig. Wir übernachteten bei Bekannten. Diese Erlebnisse prägten sich mir stark ein.

Manchmal kam der Bus nicht, da stand man mit Eisbeinen und wartete

1951 wechselte ich zur Mittelschule nach Gifhorn in die Oldaustraße. Zwar musste ich eine 14-tägige Prüfung ablegen. Da merkte ich, dass ich keine Ahnung von einer Rechen- oder Geschichtsarbeit hatte, ich stand ganz schön hinten. Die Busverbindung nach Gifhorn war auch sehr beschwerlich. Morgens um 6.50 Uhr Abfahrt in Lessien und um 18 Uhr Rückkehr in Lessien. Im Winter kam der Bus auch manchmal nicht, da stand man mit Eisbeinen und wartete. Im Winter fuhr ich bei Dunkelheit los und kam abends im Dunkeln zurück.

Mein Vater fand eine Bleibe, dort bekam ich Brühe zum Schulbrot

Auch hatten wir viel Hausaufgaben zu erledigen. Darunter litt mein Kontakt zur Dorfbevölkerung. In der Schule gab es keinen Aufenthaltsraum. Nach Schulschluss gingen viele in die Bahnhofswirtschaft. Dort versuchten wir, Hausaufgaben zu erledigen – aber irgendwann wurde alles zu laut, vor allem die Jungen. Dann setzte uns der Wirt vor die Tür. Verstand ich eine Hausaufgabe nicht, war ein Telefonat nicht üblich. Es gab auch noch nicht überall ein Telefon. Die Restaufgaben wurden morgens schnell in der Schule erledigt. Im Bus fuhr auch kein Mitschüler aus meinem Jahrgang mit.
Im Sommer fuhren die Westerbecker, Dannenbütteler und Leiferder mit dem Fahrrad zur Schule. Die Busse wurden ja auch von der Bevölkerung zum Einkaufen genutzt, Autos gab es

Mit dem Fahrrad zur Schule: Erika Heinze musste so manchem Schlagloch ausweichen.

noch wenige. Wir standen dicht gedrängt im Bus.
Mein Vater fand schließlich im Geschäft Grußendorf in der Torstraße eine Bleibe für mich. Dort bekam ich eine Brühe zum Schulbrot und konnte meine Hausaufgaben in Ruhe erledigen. Dann kam das große Los. Nach einem halben Jahr blieb ich nach der Schule in der Fleischerei Beckord in der Torstraße. Dort arbeiteten viele junge Leute. Alle Lehrlinge und Gesellen aßen mittags in der Küche, es gab gutes Essen, und ich saß dazwischen. Danach half ich beim Abtrocknen. In dem großen Betrieb gab es jede Menge Geschirr zu spülen.
In Gifhorn gab es noch die Hauptstraße, das Schuhhaus Höfer, die Drogerie Kimme, wo man Filme abgab. Dann waren da noch das Modenhaus Becker, Döpke und Textil-Schwannecke. Bei Dänzer wurden Schulbücher gekauft, und bei Nolte am Markt gab es schöne Fotos von Schauspielern wie zum Beispiel Hardy Krüger oder Sonja Ziemann. Diese Fotos wurden von uns leidenschaftlich gesammelt.

Aus meiner Schulzeit sind mir meine drei Freundinnen erhalten geblieben

Unsere Schulklasse hielt immer gut zusammen. Wir wurden von drei älteren Lehrern von der fünften bis zur zehnten Klasse unterrichtet und von wechselnden Fachlehrern. Morgens in der ersten Stunde bei Herrn Gelin, der unser Klassenlehrer war und auch Religion unterrichtete, beteten wir.
In der Weihnachtszeit gab es einen Tannnenzweig mit Kerze. In der neunten und zehnten Klasse hatten wir Hauswirtschaft in einer kleinen Schräge neben der Aula. Dort konnten wir auch in einer kleinen Bibliothek Bücher ausleihen, was ich viel in Anspruch nahm. Der Turnunterricht fand in der Halle an der Bleiche statt, die total veraltetet war. Zum Sport ging es durch den Knickwall.
Etwas, was mir aus meiner Schulzeit erhalten blieb, sind meine drei Freundinnen: Helma, Monika und Karin. Wir stehen schon 1951/52 auf unserem ersten Klassenfoto nebeneinander. Die sechs Jahre in der Mittelschule saßen wir immer im Viererverband hintereinander. Es gibt sehr viele Fotos von Treffen. Alle runden Geburtstage, Grüne-, Silber- und Goldhochzeiten feierten wir gemeinsam, obwohl Karin sich nach Hessen verheiratet hatte. Ja, es ist schon etwas Besonderes, diese Freundschaft, jetzt im 63. Jahr. Wir telefonieren viel und stehen uns in Krisen bei. Und wir feierten gemeinsam die diamantene Konfirmation in der Nicolai-Kirche. Bei allen Klassentreffen, die jetzt alle drei Jahre stattfinden, sieht man uns vier beieinander.

Erika Heinze (2.v.l.) mit ihren Freundinnen Helma, Monika und Karin.

Erika Heinze aus Ehra-Lessien

Geboren: 1940 in Braunschweig
Interessen: Radfahren, Natur
Erlernter Beruf: Kindergärtnerin

START
1
SU
sind
Maschinen

Glück und Unglück

Ein durch und durch abgesichertes Leben gab es früher nicht. Die Menschen mussten so manch unglückliche Situation hinnehmen und haben dabei auch viel Glück erfahren.

Vornehmer Herr spendiert Fahrkarte

Nach langen Jahren der Kriegsgefangenschaft wollte ***Wolfgang Koy*** *nur eines: seine Mutter wiedersehen. Mit dem Zug machte er sich auf den Weg und traf so viele hilfsbereite Menschen, dass es ihm schon peinlich war.*

Wolfgang Koy aus Laatzen

Geboren: 1930 in Breslau
Interessen: Laufen, Wandern
Beruf: Industriekaufmann, später Revisor

Ich bin am 8. Mai 1945 in meiner Heimatstadt Breslau im Alter von 15 Jahren in russische Kriegsgefangenschaft gekommen. Im August 1949 wurde ich zunächst über das Auffanglager Frankfurt (Oder) und anschließend über das Lager Friedland aus der Gefangenschaft entlassen. Als Wohnort gab ich Hannover an, weil meine Mutter 1945 aus Breslau ausgewiesen wurde und dort eine Bleibe fand. Weil ich bei einer Körpergröße von 1,80 Meter nur noch 48 Kilo wog, kam ich nach Bad Pyrmont zu einer sechswöchigen Erholung.
So stand ich also vor dem großen Kurhaus, das im Kriege als Lazarett diente, schaute an meiner armseligen Spätheimkehrer-Entlassungskleidung (Blaumann und Segeltuchschuhe) herunter und wagte gar nicht, das vornehme säulengestützte Eingangsportal zu betreten. Ich musste den Kurarzt sehr lange überreden, mir für vier Tage einen Urlaubsschein auszustellen, damit ich meine Mutter, die ich seit 1945 nicht mehr gesehen hatte, in Hannover besuchen konnte.

Der Schaffner wies mich an, das Abteil zu wechseln

Ich rannte so schnell mich meine Beine trugen vom Kurhaus zum weit entlegenen Bahnhof Bad Pyrmont. In der Eile ist mir gar nicht in den Sinn gekommen zu fragen, wo der Zug hinfährt, der am Bahnsteig hielt. Ich bin einfach in ein Abteil eingestiegen und hatte Glück, dass der Zug nach Hannover fuhr. In dem Abteil saß ein älterer, vornehm gekleideter Herr. Ich wunderte mich über die Polstersitze und wurde sogleich vom Schaffner informiert, dass ich mich in einem Erste-Klasse-Abteil befand. Der Schaffner wies mich an, am nächsten Haltepunkt das Abteil zu verlassen und in einem Wagen der dritten Klasse meine Fahrt fortzusetzen. Da meldete sich der ältere Herr zu Wort und fragte nach dem Unterschiedspreis zwischen der ersten und der dritten Klasse. Er zahlte für mich den Betrag und bot mir an, Platz zu nehmen. Wir kamen ins Gespräch. Dabei stellte sich heraus, dass sein Sohn immer noch in russischer Gefangenschaft war. Im weiteren Verlauf knöpfte er seine Jacke auf, holte aus der Seitentasche eine lederbezogene Flasche und bot mir einen Cognac und eine Zigarre an. Ich kam mir vor, als wenn Weihnachten und Ostern auf einen Tag gefallen wären.
In Hannover angekommen ging ich vom Bahnhof in Richtung Kröpcke, um mit der Linie 18 bis zur Haltestelle Altenbekener Damm zu fahren. Dabei kam ich in der Bahnhofstraße am Früchtehaus Peters vorbei und traute meinen Augen nicht, als ich die umfangreiche Auswahl an Südfrüchten sah. Im Gefangenenlager hatte uns die politische Führung vom Wirtschaftswunder in Ost- und hungernder Bevölkerung in Westdeutschland erzählt. So dachte ich tatsächlich

anfangs, bei den Obstauslagen handelt es sich um Potemkinsche Dörfer, bis ich sie selbst angefasst hatte.
In der Straßenbahn wollte ich mit meinem 20-Mark-Schein, den ich bei meiner Entlassung erhalten hatte, einen Fahrschein lösen. Die Schaffnerin gab mir aber mit den Worten, sie sei ja keine Wechselstube, den Geldschein zurück. So fand sich tatsächlich wieder ein netter Fahrgast, der für mich die Fahrt bezahlte.
Am nächsten Tag nach der Wiedersehensfreude nahm mich meine Mutter mit zum Einkaufen. Wir hatten kaum den Schlachterladen betreten, da rief sie schon der Schlachterfrau zu, sodass es alle Kunden hören konnten: „Stellen Sie sich bloß mal vor, mein Junge ist aus der Gefangenschaft zurück." Der ganze Laden freute sich mit ihr, und ich bekam ein Extrawurst-Paket geschenkt. Das Gleiche wiederholte sich beim Bäcker und im Gemüseladen. Das wurde mir langsam zu peinlich.

Wolfgang Koy mit 14 Jahren, mit 15 Jahren kam er in Gefangenschaft.

Der Pastor bemühte sich für mich um eine Arbeit

Weitaus peinlicher war mir jedoch eine Angelegenheit, die sich einige Wochen nach meiner Rückkehr aus Bad Pyrmont zutrug. Ich war noch immer wegen meiner Dystrophie* krankgeschrieben und bekam monatlich 20 DM Krankengeld. Zehn Mark musste ich für einen neuen Anzug sparen, 7,50 DM meiner Mutter als Haushaltsgeld abgeben und die restlichen 2,50 DM als Taschengeld behalten. Da ich damals starker Raucher war, reichte mein Taschengeld nicht.
Meine Mutter war eine Kirchgängerin, so nahm sie mich eines Sonntags mit zum Gottesdienst in die Südstädter Bugenhagenkirche und stellte mich dem Pastor vor. Ich war ihm bereits aufgefallen, weil ich während der Lithurgie einen Schweißausbruch bekam und die Kirche vorzeitig verlassen musste. Der Pastor wollte sich für mich um eine Arbeit bemühen (was hinterher auch klappte), ich sollte aber zunächst wöchentlich an seiner Bibelstunde teilnehmen. Ich war gemessen an meiner damaligen politischen Überzeugung nicht gerade entzückt, bin dann aber meiner Mutter zuliebe hingegangen.
Der Bibelkreis bestand aus etwa zehn Personen, meistens Studenten oder angehender Akademiker. Es wurde Kaffee gereicht, und auf den Tischen standen kleine Teller, jeweils mit drei Zigaretten. Außer mir rauchte keiner. So habe ich mir jedes Mal nach der Bibelstunde alle übergebliebenen Zigaretten heimlich eingesteckt. Eines Abends grinste mich der Pastor bei der Verabschiedung an, zeigte auf einen Teller und sagte: „Den haben Sie heute Abend vergessen." Ich wurde blutrot und wäre vor Scham am liebsten in der Erde versunken.

** Ernährungsstörung*

Explosion im Nachbargarten

*Als Kinder schlichen **Claus Tegen** und sein Freund Kalli 1947 nachts in ein Munitionslager und stahlen von dort explosives Stangenpulver, das sie als kleine Raketen übers Wasser schießen konnten. Die Handgranaten aber, die sie auch mitnahmen, richteten großes Unheil an.*

Geboren: 1938 in Stauchitz/ Sachsen
Interessen: Schreiben, Lesen
Beruf: Lehrer

Es war im Herbst 1947. In den ersten Jahren nach dem Krieg wurde das große Munitionslager in Hambühren II sehr streng bewacht. Hinter den hohen Stacheldrahtzäunen liefen englische und belgische Wachtposten mit umgehängten Maschinenpistolen Patrouille. Niemand wusste, was mit den Leuten geschah, die geschnappt wurden. Das alles war sehr geheimnisvoll und reizte uns Jungen natürlich mächtig.
„Da gibt's viele Gebüsche", sagte mein Freund Kalli im erfahrenen Ton des alten Fährtensuchers. „So leicht erwischen die uns nicht, die Brüder, die." Und dann erzählte er von einem Bunker, in dem noch haufenweise Stangenpulver liegen sollte. „Willste mit?", fragte er. Natürlich wollte ich. Durch den Kiefernwald hinter dem Kalischacht bis in die Nähe des geheimnisvollen Zaunes ging es noch ziemlich sorglos im Zuckeltrab. Dann stoppte Kalli plötzlich. Er flüsterte, obwohl niemand zu sehen war: „Jetzt aufpassen, wir sind gleich da."

Der bewaffnete Posten war 30 Meter entfernt

Wir schlichen zum Stacheldrahtzaun. Kalli hob den untersten Draht etwas hoch, ich witschte durch. Als ich drüben war, half ich ihm nachzukommen. Gebückt machten wir uns auf den Weg. In der Nähe eines großen Wacholderbusches sahen wir – etwa

Claus Tegen im Jahr 1975: Als junger Mensch hat er viel erlebt.

30 Meter entfernt – einen bewaffneten Posten. Wir erstarrten vor Schreck. Dann puffte Kalli mich an der Schulter, wir duckten uns, krochen so schnell es ging zum Wacholderbusch und pressten uns ins Heidekraut. Der Mann blieb stehen, wartete, schaute sich um. Mein Herz klopfte bis zum Hals. Ob er uns sehen würde? Ob er uns schnappen würde? Bange Minuten folgten. Endlich ging der Posten weiter.
Zehn Minuten später machten wir uns, noch immer ängstlich umherspähend, wieder auf den Weg. Wir blieben in der

Nähe der Büsche. Nach einiger Zeit erreichten wir den Bunker. Niemand war zu sehen. Wir schlüpften hinein, stopften unsere Rucksäcke mit Stangenpulver voll und wollten uns gerade wieder auf den Weg machen, da sagte Kalli: „Was liegt denn da drüben, Mensch? Handgranaten. Nehmen wir eine mit?“ „Klar“, antwortete ich. „Aber sind die Dinger nicht gefährlich? Und was ist, wenn sie uns damit erwischen?“ Kalli wehrte ab: „Die erwischen uns doch nie!“ Wir steckten jeder zwei Handgranaten ein, schauten aus dem Bunker, ob die Luft rein war, und machten uns dann auf den Rückweg. Kurz vor dem Zaun mussten wir noch mal im Gebüsch verschwinden, um einen Posten passieren zu lassen. Dann konnten wir endlich unter dem Zaun durchkriechen und erreichten den sicheren Kiefernwald.

Das Stangenpulver war eine herrliche Sache. Man konnte es anzünden und abbrennen lassen. Ganze Bündel ließen wir abends am Dorfteich in die Luft schießen. Kleine, sprühende Raketen schossen übers Wasser. Aber die Eierhandgranaten, die ich damals aus dem Munitionslager holte, werde ich niemals vergessen.

Der alte Krüger bearbeitete die Handgranate

Einer meiner Freunde, den wir „Buntspecht“ nannten, hatte die Granaten übernommen. Er zeigte sie ein paar Tage später dem alten Krüger, der im Nachbarhaus wohnte. Krüger überlegte, ob er sie vielleicht als Altmetall beim Schrotthändler verkloppen konnte. Er untersuchte die erste Handgranate auf dem Hackeklotz mit dem Hammer, bearbeitete das Ding, und Buntspecht schaute dabei zu.

Ich war nicht drüben im Hof, als es passierte, aber wir alle hörten die Explosion im Nachbargarten. Der alte Krüger, der sich über die Granate gebeugt hatte, war schwer verletzt. Er wurde mit dem Krankenwagen ins Celler Krankenhaus gebracht. Aber seine Verletzungen waren zu schwer. Er starb unterwegs. Buntspecht kam davon. Aber sein rechtes Auge konnte nicht gerettet werden. Er bekam ein Glasauge.

Wenn ich heute mal in unser Dorf zurückkomme, meine alten Kumpel wiedertreffe, wenn wir in der „Heideblüte“ zusammensitzen, bei Ratzeputz und Bier und von den alten vergangenen Zeiten reden, dann sitzt meist auch Buntspecht mit seinem Glasauge in der Runde. Von dieser Geschichte allerdings reden wir niemals, auch nicht vom alten Krüger, der auf der Handgranate pochte und hämmerte. Aber ich erinnere mich noch ganz genau an diesen Herbsttag, als ich mit Kalli aus der Munitionsfabrik das Stangenpulver holte – und die Handgranaten.

Die Vesper war restlos gestohlen

Feldarbeit war in den Nachkriegsjahren Schwerstarbeit. Um viele Helfer zu bekommen, bot die Familie von ***Marlies Bähre*** *Schinkenbrote und echten Bohnenkaffee an. Über das, was eines Tages geschah, regt sich ihre Mutter heute noch auf.*

Marlies Bähre aus Isernhagen

Geboren: 1943 in Celle
Interessen: ehrenamtliche Tätigkeit
Beruf: Verkäuferin

Im Jahre 1948 zählte ich fünf Lebensjahre. Die Milch kam noch von der Kuh und nicht aus der Fabrik. Damals hatten die Menschen ganz andere Sorgen und Prioritäten als heutzutage. Ganz wichtig war es damals, keinen Hunger zu leiden. Satt zu werden war auf dem kleinen Bauernhof meiner Eltern ein wichtiges Thema. Im Sommer nun musste der Roggen gemäht werden, von Hand und nicht vom Mähdrescher. Es war schwerste Arbeit bei brütender Hitze. Die blinden Fliegen machten uns die Pferde scheu. Der Staub hing wie ein Schleier in der Luft, da ein benachbartes Wäldchen jeglichen Windhauch unterdrückte.

Bohnenkaffee war eine echte Sensation

Trotzdem hatten wir jede Menge Helfer. Es hatte sich herumgesprochen, dass meine Mutter Schinkenbrote und echten Bohnenkaffee als Vesper bereitstellte. In damaligen Zeiten galt Bohnenkaffee als echte Sensation! Der Korb mit den Schinkenbroten und Bohnenkaffee wurde nun im Wäldchen in den Schatten gestellt, denn erst einmal wurde gearbeitet. Als endlich die verdiente Pause kam, war alles restlos gestohlen. Meine Mutter hat geheult vor Wut und Zorn. Die Helfer – ebenfalls voll Wut und Zorn – schwärmten nun aus, um den Dieb aufzuspüren. Leider ohne Erfolg, was für den Dieb wohl auch besser war.

Marlies Bähre ist auf dem Bauernhof ihrer Eltern groß geworden.

Die Tante wohnte in der Nähe und half mit frisch gebackenen Semmeln und Apfelmus aus. Selbst im hohen Alter geriet meine Mutter immer noch außer sich, wenn man sie auf dieses Ereignis ansprach.

Reparaturkosten: zwei Kilo Aal

*In der ehemaligen DDR waren Mopeds und Ersatzteile schwer zu bekommen. Deshalb pflegte **Renate Daenike** mit ihrem Mann ihr wertvolles Fahrzeug. Eines Tages fuhr ihre Schwester unglücklicherweise damit in den Graben.*

Da es zu DDR-Zeiten Mopeds sehr schlecht zu kaufen gab, schonte man es sehr, wenn man so ein Ding besaß. Mein Mann und ich hatten das Glück, einen sogenannten Star zu besitzen. Ersatzteile gab es nur, wenn man etwas Besonderes außer Geld bieten konnte. Da ich in der Fischerei arbeitete, gab es zwölf Kilo Aal, 32 Kilo Edelfische sowie sechs Enten als Deputat*.

Wir wunderten uns, dass sie so lange wegblieb

Eines Tages war meine Schwester Marlies zu Besuch. Sie war damals ein Teenager. Sie hatte kurz vorher ihre Mopedprüfung gemacht. Sie bat mich, unser Moped fahren zu dürfen. Ich schärfte ihr ein, ja nicht mit dem Moped umzukippen, denn die Schwachstelle dieser Dinger war der Kickstarter-Hebel, also das Teil, um ein Moped starten zu können. Sie versprach es uns. Wir wunderten uns, dass sie so lange wegblieb. Zwischenzeitlich war mal wieder der obligatorische Strom- und Wasserausfall. Es konnte etliche Stunden dauern.
Plötzlich ging die Tür auf, und meine Schwester stand stinkend und schmutzig auf der Schwelle. Sie weinte. Ich rannte mit ihr nach draußen. Natürlich war das Moped nicht nur dreckig, sondern auch der Kickstarter-Hebel war gebrochen. Da ich sie und das Moped ohne Strom und Wasser nicht säubern konnte und sie so doll stank, setzte ich sie auf die Veranda. Da erzählte sie mir, dass sie in einen Graben gefahren wäre, weil sie auf dem Weg die Gülle des Schweinestalls der LPG, der sich kurz hinter unserem Gehöft befand, umfahren wollte. Nach etlichen Stunden waren endlich der Strom und das Wasser wieder da, sodass sie sich und das Moped reinigen konnte.

Auch so mancher Zander musste für die Reparatur hergegeben werden

Am Tag darauf ging ich zu einer Mopedwerkstatt, um diesen Hebel zu kaufen. Ich wusste ja schon vorher, dass mich dieses kleine Teil wieder zwei Kilo Aal meines Deputats kosten würde. Und genauso war es. Ohne Aal kein Kickstarter-Hebel, mit Aal konnte ich ihn in drei Tagen abholen. In fünf Minuten war dann das Moped wieder intakt. Es war noch nicht der letzte Aal, auch so mancher Zander musste für die Reparatur dieses Mopeds hergegeben werden. Weil unser Moped Gott sei Dank noch ein paar Jahre verhältnismäßig gut lief.

** zum Lohn gehörende Sachleistung*

Renate Daenike (links) mit ihrem Mann, ihrer Schwiegermutter, Kindern ihrer Freunde und dem geliebten Moped.

Renate Daenike aus Immensen

Geboren: 1950 in Friedland/ Mecklenburg
Interessen: Archäologie, Tiere
Beruf: Geflügelzüchterin

Arbeiterbus verpasst

*Manche Dinge gab es eben nur früher, ist **Bärbel Gollasch** überzeugt. Als sie 1954 eines Abends den Bus verpasste, brachte sie ein Kollege mit dem Fahrrad nach Hause und machte dafür extra einen Riesenumweg.*

Geboren: 1940 in Klein Bülten
Interessen: seit 35 Jahren in der Bültener Bücherei aktiv, in der IGS-Cafeteria engagiert, Lesen, Fotografie
Beruf: Friseurin

1954, im Alter von 14 Jahren begann ich die Lehre als Friseurin, wie froh war ich, einen Ausbildungsplatz gefunden zu haben. Damals gab es viele Schulabgänger, aber nicht so viele Lehrstellen. Montags waren alle Salons geschlossen, aber vormittags musste ich den Laden gründlich putzen, und nachmittags hatte ich Berufsschule. Von Dienstag bis Samstag wurde von 8 bis 18 Uhr gearbeitet, bei 25 DM Lohn – monatlich wohlgemerkt.
Aber ich hatte eine für die damalige Zeit ganz moderne Chefin, sie war auch nur zehn Jahre älter als ich. Da ich ja nun keinen freien Tag hatte, durfte ich dafür Mittwochvormittag zu Hause bleiben. Bald bot sie mir statt 25 DM jetzt 35 DM im Monat an. 10 DM waren vor 60 Jahren viel Geld.
Die Friseurinnung veranstaltete einmal im Jahr einen Informationsabend. Dieser fand im kleinen Saal des Schützenhauses in Peine statt. Wir Lehrlinge mussten daran teilnehmen. Mein Vater, der damals schon einen kleinen „Dienstwagen" – nämlich einen Kabinenroller – fuhr, brachte mich abends mit dieser Rakete nach Peine. Zurückkommen sollte ich mit dem sogenannten Arbeiterbus um 22.45 Uhr. Der „Busbahnhof" war früher auf dem Schützenplatz. Dieser Arbeiterbus brachte früher die Arbeiter nach der Spätschicht vom Walzwerk und Schraubenwerk zurück aufs

Bärbel Gollasch mit ihrer Mutter.

Land in die umliegenden Dörfer. Niemand hatte damals ein eigenes Auto, manchmal schon ein Motorrad – aber meistens fuhr man Rad und eben mit den Arbeiterbussen.

Ich wusste nicht, wie ich die sieben Kilometer nach Hause kommen sollte

Nach Ende der Veranstaltung um 22 Uhr stellte ich mich in den Seiteneingang des Schützenhauses und wartete, dass der Bus kommen sollte. Völlig falsch war, dass ich meinte, erst um 22.45 Uhr zur Abfahrtstelle gehen zu müssen, nein – der Bus kam mir schon um die Schützenhausecke entgegen!!! Vielleicht hätte der Fahrer noch angehalten, wenn ich gewunken hätte. Aber ich war wie gelähmt und so verzweifelt! Die Tatsache, abends um die späte Zeit in Peine zu stehen und nicht zu wissen, wie ich die sieben Kilometer nach Hause kommen sollte, war schrecklich. Man bedenke: Niemand – außer der Gaststätte im Dorf – hatte ein Telefon. Sollte ich zu Fuß gehen?

Während ich so ganz am Boden zerstört dort stand, radelte ein Kollege aus dem dritten Lehrjahr um die Schützenhausecke, der auch an der Veranstaltung teilgenommen hatte. Er hielt an und fragte, auf was ich denn noch wartete. Ich schilderte ihm meine Situation. Woher ich denn sei, fragte er – aus Klein Bülten, antwortete ich. „Wenn du willst, fahre ich dich nach Hause." Man bedenke: Er war mit dem Fahrrad unterwegs und kam aus Woltwiesche.

Ich setzte mich auf die Fahrradstange, und wir fuhren los

Ich nahm das Angebot sofort an, setzte mich also auf die Fahrradstange, und wir fuhren los, aus der Stadt, über den Kanal nach Handorf und schließlich nach Klein Bülten. Ich finde, es war eine unglaubliche Leistung. Es gab noch keine Dorfbeleuchtung, und ich habe ihn noch aus dem Ort hinaus Richtung Ölsburg begleitet und ihm den Feldweg gezeigt, den er fahren musste, um über Ölsburg, Groß Ilsede, Lafferde letztlich nach Woltwiesche zu gelangen. Wann er wohl zu Hause war? Ich jedenfalls war so froh. Mittlerweile hatten sich auch meine Eltern schon Sorgen gemacht, denn es war schon fast Mitternacht.

Nur – so etwas gab es eben nur damals – wer fährt heute noch mit dem Rad täglich von Woltwiesche nach Peine zur Arbeit und macht dann noch so einen Riesenumweg über Klein Bülten, um so eine verträumte Vierzehnjährige nach Hause zu bringen?

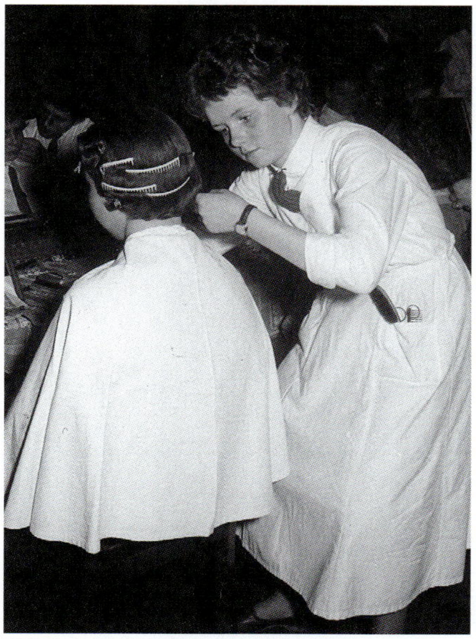

Die angehende Friseurin bei der Arbeit.

Feuer mit Erbsensuppe gelöscht

Einen ganz schönen Schreck hat ***Ulrike Kring*** *bekommen, als sie eines Tages aus der Schule kam. Ihre Mutter hatte das Bügeleisen auf dem Tisch vergessen und ein Feuer verursacht. Aber am Ende wurde alles gut.*

Ich war etwa zehn Jahre alt. Wir wohnten Mitte der fünfziger Jahre in einem Achtfamilienhaus, und ich kam eines Mittags aus der Schule, als es im Treppenhaus sehr verbrannt roch. Dann erzählte meine Mutter, dass sie mit einer Nachbarin vor der Etagentür etwas zu lang gesprochen hatte.

Auch die Schublade mit den Essbestecken geriet in Brand

Das Mittagessen (Erbsensuppe) stand auf dem Herd. Auf dem großen Esstisch, der auch als Bügeltisch diente, stand ein Bügeleisen. Mutti hatte vergessen, es hochkant zu stellen, sodass sich das Bügeleisen nach längerer Zeit durch den Bügeltisch in die Linoleumplatte eingebrannt hatte. Dann wurde der Brand so schlimm, dass auch die Schublade mit den Essbestecken (und Holzgriffen daran) langsam in Feuer aufging. Erst als es so starken Brandgeruch gab, bemerkte das meine Mutter vor der Türe.
Sie rannte in die Küche, hob das Bügeleisen hoch, wo ihr schon eine Flamme entgegenkam. Geistesgegenwärtig hat sie die Erbsensuppe zum Löschen des Feuers bemüht, na, das roch vielleicht! Ich hatte erst mal einen riesigen Schreck, als ich zur Türe reinkam. Doch als wir dann von der Versicherung alles ersetzt bekamen, freuten wir uns an dem neuen Esstisch! Von dem Geld konnten wir uns sogar eine neue Eckbank und zwei neue Stühle leisten. Ende gut – alles gut!

Ulrike Kring (6) an ihrem ersten Schultag 1952 in Wuppertal.

Ulrike Kring aus Hannover

Geboren: 1946 in Wuppertal
Interessen: Literatur, klassische Musik, Fahrradfahren, Schwimmen
Beruf: Gemeindekrankenschwester

Wortlos im Kuhfladen versunken

*Osterwasserholen ist ein Brauch, den auch **Brigitte Natke** als Kind gern pflegte. Wer sich damit wäscht, bleibt gesund. Das köstliche Nass wirkt aber nur, wenn unterwegs geschwiegen wird. Nicht einfach, wenn man auf der Wiese stecken bleibt.*

Wer kennt noch die Sitte des Osterwasserholens? Das hatten wir in Bublitz (Pommern) immer gemacht, also sollte es 1946 mein zukünftiger Schwager im Auetal (Niedersachsen) auch kennenlernen. Und so ging es: aufstehen vor Sonnenaufgang und kein Wörtchen sprechen. Jeder nimmt ein Gefäß, Eimer oder Milchkanne, und los geht's zu einem Bach, egal, wie weit der entfernt ist. In Bublitz war es die Gozelquelle, hier im Auetal nun ein Bächlein nahe der geliebten Suntelbuche. Man füllt das Gefäß und bringt es wortlos nach Hause, gießt das Wasser in eine Schüssel, und wer sich damit wäscht, bleibt das ganze Jahr gesund. Und jetzt darf auch wieder gesprochen werden.

Das Mädchen Brigitte Natke hat mit den Bräuchen ihren Spaß.

Wir durften auch nicht lachen. Was nun?

Als wir im Jahr 1946 unterwegs waren, gab es allerdings einen anrüchigen Zwischenfall: Meine Schwester, ihr Freund und ich, elfjährig, marschierten quer über die Wiesen und versanken immer mal wieder in große Kuhfladen, die man in dem Dämmerlicht nicht sehen konnte. Schließlich blieb ein Schuh von mir darin stecken. Dieser Schuh bestand aus einer Holzsohle, über die unsere Mutter als Oberteil ein Stück aus einem Zuckersack genagelt hatte, das nun auch noch eingerissen war. Wir durften auch nicht lachen, was nun? Mein lieber Schwager nahm mich einfach huckepack, und so brachten wir das köstliche Nass wohlbehalten nach Hause.

Brigitte Natke aus Hannover

Geboren: 1934 in Bublitz/ Hinterpommern
Interessen: Lesen, lesen, lesen
Beruf: Büroangestellte

Freundschaft mit „lebendiger Praline“

*Schokoladengeruch versetzt **Maya Walther** noch heute in ihre Kindheit zurück. Ihr Vater schenkte ihr einen Schokohasen, der aber unglücklicherweise dahinschmolz. Eine nette Frau aus einem Süßwarengeschäft half ihr über den Kummer hinweg.*

Maya Walther
aus Laatzen

Geboren: 1940 in Halle/Saale
Interessen: Seidenmalerei
Beruf: Volkshochschuldozentin

Mein Vater, Richter von Beruf, war nach seiner Kriegsgefangenschaft nach Braunschweig gegangen, wo er als Leiter das Arbeitsgericht übernahm. Meine Mutter, meine Schwester und ich durften zu ihm, dem für uns Mädchen völlig fremden Mann, im März 1951 nach Braunschweig übersiedeln.

So etwas Schönes hatte ich noch nie gesehen

Um uns Kinder willkommen zu heißen, hatte er für meine Schwester und für mich einen in Goldfolie gewickelten Schokoladenosterhasen mit einer Schleife und einem Glöckchen am Hals besorgt. Ich hatte so etwas Schönes noch niemals zuvor gesehen, geschweige denn besessen. Wenn wir unsere Wohnung verließen, stellte ich meinen Schokoladenosterhasen ins Fenster auf zwei Bücher, um alle Leute an diesem traumhaften Anblick teilhaben zu lassen. Das ging so lange gut, bis eines Tages die Märzsonne mit aller Kraft unser Fenster beschien. Nach kurzer Zeit war mein Glück dahingeschmolzen. Mein Kummer damals war grenzenlos.
Ein paar Wochen später wurde ich in meiner neuen Schule eingeschult. Mein Schulweg führte mich zu meiner Freude an einem kleinen Süßwarengeschäft vorbei. Die vielen herrlichen Schokoladenfiguren und

Maya Walther (rechts) mit ihrer Mutter und ihrer Schwester.

die verzierten Pralinen, die kleinen Kuchen, welche sehr liebevoll auf Seidenstoff dekoriert waren, und die Gläser mit den bunten Bonbons ließen mich jeden Tag lange vor dem Geschäft stehen, und ich träumte mich regelrecht in die wunderbare Schokoladenwelt hinein. Manchmal sah ich hinter der Glasscheibe die Inhaberin des Ladens. Es war eine schöne alte Dame mit schlohweißem, zu einem Knoten gebundenem Haar. Sie trug ein dunkelblaues Kleid mit weißen Punkten. Um ihren Hals lag ein breiter weißer Spitzenkragen, und auch die vordere Knopfleiste ihres Kleides war mit weißer Spitze verziert. Irgendwie sah sie selbst wie eine Praline aus.

Sie schenkte mir einen Schokoladenmaikäfer

Eines Tages öffnete sie die Ladentür und bat mich in ihr Geschäft herein. Ich war wie betäubt von dem für mich fremden und so verführerischen Duft, der mich nun umfing. Ich beantwortete alle Fragen dieser lebendigen Praline wahrheitsgemäß und erzählte ihr auch von meinem Kummer mit dem Schokoladenosterhasen. Sie ging dann an ein Regal und kam mit einem in Goldfolie gewickelten, recht großen Schokoladenmaikäfer zurück, den sie mir schenkte. Von da an waren wir Freunde, und ich habe noch oft bei ihr fünf Himbeerbonbons für fünf Pfennig in einer spitzen Tüte gekauft. Ein paar Jahre später war eines Tages das Geschäft endgültig geschlossen. Mit dieser Schließung endeten auch die Schokoladenträume meiner Kindheit.
Heute komme ich ab und zu auf dem Hauptbahnhof in Hannover an der Confiserie Leysieffer vorbei. Meine Füße lenken mich dann automatisch in das Geschäft hinein. Der wunderbare Schokoladengeruch und die liebevolle Präsentation der vielen Schokoladenideen versetzen mich jedes Mal in meine Kindheit zurück. Wenn ich das Geschäft verlasse, können Sie gewiss sein, dass in meiner Handtasche ein kleiner Schokoladenmaikäfer ein bequemes Plätzchen gefunden hat.

Als kleines Mädchen liebte Maya Walther Schokolade.

Es gab einen gewaltigen Knall

In der Nachkriegszeit mangelte es an vielem. Gut, dass ***Christian Wöltges*** *Vater so experimentierfreudig war. Eines Tages kam ihm die zündende Idee: Bohnerwachs und Schuhcreme kann man ja auch selbst kochen. Das ging nach hinten los ...*

Christian Wöltge aus Hannover

Geboren: 1931 in Hannover
Interessen: Astronomie
Beruf: Hochschullehrer

Es war die Nachkriegszeit. Immer noch fehlte es am Nötigsten. Mama, die in einem Nobelrestaurant die feine Küche erlernt hatte, jammerte angesichts von rationierten Lebensmittel und fehlenden Zutaten, um die Familie kulinarisch verwöhnen zu können. Es fehlte natürlich auch an anderen Dingen des täglichen Bedarfs.
Papa aber organisierte und besorgte das meiste. Auch das Unmögliche. So kam es dazu, dass wir eines Tages Bohnerwachs und Schuhcreme kochen wollten. Und das ging so: Papa hatte Paraffin, Stearin, Ozokerit (ein Erdwachs, das in Russland vorkommt) und Terpentin-Ersatz besorgt. Nun brauchte es noch einen größeren Topf. Mama verwehrte ihren emaillierten, den sie zum Einkochen benutzte. Vermutlich, weil sie die Schweinerei kommen sah. Dennoch ging sie unbesorgt einkaufen. Papa fand einen passenden Topf im ausgebrannten Nachbarhaus, innen und außen verzinkt, Durchmesser etwa 40–50 Zentimeter, 50 Zentimeter hoch. Ohne Deckel.

Am Topf hingen außen und innen silberne Perlen

Dann gingen wir in der Küche ans Werk. Alle Zutaten hinein und rühren, rühren, rühren. Eine Masse von ungefähr zwei Kilogramm. Das Zeug erwärmte sich bis zu einem gewissen Grad. Dann muss irgendwann der Flammpunkt überschritten gewesen sein. Jedenfalls gab es einen dumpfen, aber gewaltigen Knall. Seine Auswirkungen bekam ich gar nicht mehr mit! Denn ich war schon an der Wohnungstür! Geistesgegenwärtig hatte Papa sich seines Jacketts entledigt und es über die Flammen geworfen (Gott sei Dank war es Mama entgangen, dass er das vor dem Experiment nicht ausgezogen hatte!).
„Du kannst wieder reinkommen!“, rief Papa. Er sah etwas merkwürdig aus, was ich aber ignorierte. Denn weit überraschender sah der Topf aus! Innen und außen hingen silberne Perlen an ihm. Das geschmolzene Zink! Dann kam Mama nach Hause. Ihr Schrei angesichts der Wohnung ging uns durch Mark und Bein. Über unseren Köpfen zog sich ein ungefähr 30 Zentimeter breiter, pechschwarzer Streifen durch Küche, Flur und beide Wohnzimmer hin! Und pechschwarz waren auch alle Decken!

Papa scheute sich nicht, einen zweiten Versuch zu starten

Sicher gut vorstellbar, dass sich unsere Gemüter nicht so schnell wieder beruhigten. Aber es half alles nichts! Mama wollte ihr Bohnerwachs und ihre Schuhcreme haben! Hat sie auch bekommen. Ein bisschen später. Jedenfalls das Bohnerwachs. Papa scheute sich nicht,

einen zweiten Versuch zu starten. Den er gewann! Für die Schuhcreme musste Papa erst noch Farbe organisieren: tiefschwarz und rehbraun. Aber auch das hat funktioniert! Übrigens: Als ich am Morgen nach dem Desaster in die Schule kam, sah der Klassenlehrer mich besorgt an! „Ist mit dir alles in Ordnung? Geht es dir wieder gut?“ Wie kam er bloß darauf? Ach so! Ich hatte keine Augenbrauen und Wimpern mehr! Und die schwarze Farbe im Gesicht hatte der Kriegsseife auch – noch immer sichtbar – getrotzt.

Christian Wöltge als Jugendlicher: Bei den Küchenexperimenten seines Vaters hat er mitgeholfen.

Krieg und Nachkriegszeit

Krieg, Flucht und Hunger: Die Sorge der meisten Deutschen gilt dem eigenen Überleben. Sich selbst und die Familie durchbringen – darauf sind alle Anstrengungen gerichtet. Doch es gibt auch wieder neue Hoffnung.

Das „Semikolon“ im Gesicht

***Reinhild Decker** wurde am 19. Oktober 1944 mitten im Krieg geboren und wohnte mit ihrer Familie und ihren Geschwistern Karl-Heinz und Gerlind in Hämelerwald. Im April 1945 gab es einen Bombenangriff.*

Meine Mutter erzählte mir später: „Am 10. April 1945 war Bombenalarm, und ich wollte mit euch Kindern in den Keller. Als ich bereits an der Treppe war, wollte Gerlind, sie war damals zwei Jahre alt, zurück in die Wohnung, um ihren Teddy zu holen. Ich wartete auf sie, dich hatte ich im Arm, und Karl-Heinz stand neben mir. Wir standen im oberen Flur in der Nähe des Treppenhaus-Fensters. Gerade in dem Moment, als Gerlind wiederkam, streifte eine Granate unser Dach …

Reinhild Decker früher: Dieses Bild entstand am 9. April 1945, einen Tag vor dem Bombenangriff.

Reinhild Decker aus Peine

Geboren: 1944 in Hämelerwald
Interessen: Herstellung von Edelsteinschmuck, ehrenamtliche Tätigkeit im Sportverein als Mitgliederwartin
Beruf: Bauzeichnerin

Das Gesicht voller Glassplitter, einen Arzt gab es aber nicht

Sekunden oder Minuten später standen wir alle aufrecht vor der geschlossenen Kellertür. Der Luftdruck hatte uns die ganze Treppe heruntergetragen.
Deine Geschwister hatten nicht einen Kratzer, aber dein Gesicht war voller Blut, du hattest das ganze Gesicht voller Glassplitter. Mit großer Vorsicht habe ich die Glassplitter herausgezogen. Du hast mich dabei angelächelt. Bei diesem Bombenangriff ist noch Schlimmeres im Ort passiert, einen Arzt gab es nicht, also mussten die großen Wunden an der rechten Wange von allein heilen.“

Ich bin oft von Mitschülerinnen als Lügnerin dargestellt worden

In einem Dorf, wo jeder jeden kennt, braucht man sich nicht zu erklären, als wir 1954 nach Peine zogen, war vieles neu und für mich schwierig. In der Schule lief das nicht so gut. 44 Mitschülerinnen! Viele haben gefragt: „Was hast du für Narben an der rechten Wange? Sieht aus wie ein Semikolon.“ Ich habe immer korrekt geantwortet, bin aber oft als Lügnerin dargestellt worden. An dieses miese Gefühl erinnere ich mich noch heute.
Meine Mutter merkte, dass ich Probleme hatte. Sie sagte: „Benimm dich so, dass du vor dir bestehen kannst, das hilft dir, denn bedenke, dass man gerade dich immer wieder erkennt. Benimmst du dich aber korrekt, dann musst du dir keine Gedanken machen.“
Ich habe mich daran gehalten, und mit der Zeit fühlte ich mich nicht mehr so angreifbar. Zu meinem 16. Geburtstag hatten meine Eltern mit mir einen Termin in der Hautklinik Hannover. Dort wurde mir von dem Arzt erklärt, diese Narben könne man beseitigen. Ich habe das abgelehnt, das „Semikolon“ gehört zu mir.

So also sah der Feind aus!

*Bei einem Bombenangriff gelangte **Frauke Seger** durch eine Luke ins Freie – und beobachtete tief fliegende Flugzeuge. Ganz interessant, fand das kleine Mädchen. Nach dem Abenteuer gab es zu Hause erst einmal eine Standpauke.*

In Bad Salzbrunn lebten wir in einer sehr großen Wohnung, mitten im Kurpark. Es gab zwar eine Haustür, aber durch die sind wir Kinder nie gegangen. Unser Ein- und Ausgang war durch den Garten direkt in den Kurpark. Zum Ende des Krieges – ich war schon ein Schulkind – gab es den ersten Fliegeralarm. Ich hatte das Pech, dass ich im Park war und dringend nach Hause musste – Pünktlichkeit war oberstes Gebot. Alle Menschen wurden in den Luftschutzkeller getrieben, da half keine Bitte oder Erklärung.
Unter der Großen Wandelhalle war ein Keller, sehr warm mit Bänken an den Wänden, keine Fenster. All die „großen Leute" redeten aufgeregt durcheinander. Ich hatte schreckliche Angst, wie die anderen wohl auch, fühlte mich sehr klein, und niemand achtete auf mich. Da fiel mir unser Geheimgang ein – ich kannte ja die Unterwelt dort und die Luke, die ins Freie führte. Allein, das war kein Spaß!

Flugzeuge können scharf sehen und sogar Hasen schießen

Als ich also entkommen war, sah ich am Himmel ein niedrig fliegendes Flugzeug, das war interessant und sah gar nicht gefährlich aus. So also sah der Feind aus! Ich war zufrieden und kam pünktlich zu Hause an.

Frauke Seger als Mädchen im Juni 1944.

„Wo kommst du denn jetzt her?", war die strenge Frage, und da erzählte ich mein Abenteuer. Darauf erhielt ich eine recht lange Belehrung, von der mir nur im Gedächtnis geblieben ist, dass solche Flugzeuge so scharf sehen können, dass sie sogar Hasen schießen konnten. Nun ja, der Feind. Es war der erste und letzte Bombenalarm, den ich erlebt habe. Es gab zu diesem Angriff sehr unterschiedliche Berichte, aber eins stand fest, Feinde sind gefährlich.

Frauke Seger aus Hannover

Geboren: 1935 in Bochum
Interessen: Töpfern, Schreiben
Beruf: Krankenschwester

Die Kochzeit war vorgeschrieben

*Nach dem Krieg wohnte **Horst Hiemer** mit seinen Eltern in einem Zimmer zur Untermiete. Sie teilten sich mit den Hauptmietern Toilette und Küche. Kein Wunder, dass es manchmal zu Spannungen kam. Hiemer fand seine Kindheit trotzdem schön.*

Horst Hiemer aus Hannover

Geboren: 1940 in Gnadenfrei/ Schlesien
Interessen: Geschichte, Literatur
Beruf: Technischer Kalkulator

1947 mussten wir aus Schlesien raus – per Güterzug. Der Zug fuhr so lange, wie die Lok Kohlen hatte, dann blieb er in einem Walde stehen. Das war in Mecklenburg in der Umgebung des Schweriner Sees. In der Nähe befand sich ein aufgegebenes Blockhäuser-Lager der Roten Armee, dort kamen wir hin. Meine Großeltern sollten da dann noch über zehn Jahre wohnen bleiben.

Mein Vater war im Westen aus der Gefangenschaft getürmt und eher zufällig nach Hannover gekommen und wohnte zur Untermiete in einem Zimmer. Meine Mutter kam dann mit mir dazu – zu spät für die Einschulung 1947, so kam ich 1948 in die Schule. Bis 1954, da war ich immerhin schon 13, also die meiste Zeit meiner Schuljahre, wohnten wir in diesem einen Zimmer. Das Kochen erfolgte in der Küche des Hauptmieters zu vorgeschriebener Zeit, dort holten wir auch das Wasser und stellten es in zwei Eimern in unserem Zimmer hin. Waschen von Kopf bis Fuß, Zähne putzen, rasieren, alles unter diesen Umständen, Toilette im Flur, gemeinsam mit den Hauptmietern.

Wie die Eltern ihr Eheleben vollziehen konnten, weiß ich bis heute nicht

Abends wurde der Tisch weggerückt, das Sofa in die Mitte gestellt und das Klappbett heruntergeklappt. Ich konnte bei Licht nicht einschlafen, so dunkelten meine Eltern die Stehlampe ab, lasen oder lösten Kreuzworträtsel. Wie die beiden ihr Eheleben vollziehen konnten, weiß ich bis heute nicht. Meine Mutter als gelernte Schneiderin nähte für Freunde und Bekannte, die kamen dann zur Besprechung und zu den Anproben, und irgendwann und irgendwo dazwischen machte ich meine Schularbeiten.

Was waren wir glücklich, als wir eine eigene Wohnung bekamen

1954, in meinem 14. Lebensjahr, konnten wir aus unserem Zimmer ausziehen. Es war auch höchste Zeit, denn mit den Hauptmietern hatte es zunehmend Spannungen gegeben. Wir bekamen also eine eigene Wohnung, Altbau mit Kachelofen, das heißt, Kohle vier Etagen hoch und Asche wieder runter, Toilette eine Treppe tiefer mit drei Parteien, kein Bad, aber was waren wir glücklich!

Ein eigenes Zimmer hatte ich zwar nicht, aber immerhin etwas mehr Luft zum Atmen. Das Wichtigste für meine Mutter war immer, das Geld für die jährlich benötigten Kohle und Einkellerungskartoffeln erspart zu haben. Dann fiel ihr ein Stein vom Herzen … Und mir ist es eine Lehre fürs Leben geblieben. Jede Anschaffung musste mühsam angespart oder – ganz selten – dann

Horst Hiemer wohnte die meiste Zeit seiner Schuljahre mit seinen Eltern in einem Zimmer.

abgestottert werden. Sie kann sich bis heute ganz schlecht von etwas trennen, und ich verstehe, warum. Komisch! Trotzdem hatte ich das Gefühl, eine schöne Kindheit und Schulzeit gehabt zu haben!

Das Monstrum kam in Einzelteilen

Zuckerrüben lassen sich nicht einfach verarbeiten, aber sie sicherten den Menschen in der Nachkriegszeit das Überleben. ***Elisabeth Hermann*** *erinnert sich noch genau, wie ihre Familie mit einer Riesenpresse den leckeren Sirup hergestellt hat.*

Ich bin in dem damals noch kleinen Dorf Schwarmstedt aufgewachsen, und wenn man kein Bauer war, musste man sehen, wie man an Nahrungsmittel kam. Die kleinen Rationen, die es auf den Lebensmittelkarten gab, waren zum Leben zu wenig und zum Sterben zu viel, wie meine Großmutter immer sagte.

Elisabeth Hermann (links) mit anderen Kindern. Sie wuchs im Dorf auf.

Jede Bohne und jede Erbse wurde verwertet und eingekocht

Meine Mutter hatte von einem Bauern ein kleines Stück Acker gepachtet, wo sie verschiedene Gemüsesorten angebaut hat. Wenn Erntezeit war, wurde jede Bohne und jede Erbse verwertet und eingekocht. Unter anderem wuchsen auf einem Stück des Ackers auch Zuckerrüben, die zur Erntezeit dann mit dem Handwagen nach Hause gekarrt wurden. Um sie verarbeiten zu können, mussten sie gründlich mit Wasser abgeschrubbt werden, um die letzten Erdreste zu entfernen.
Natürlich brauchten wir auch eine Presse, die konnten wir bei einem Bauern in der Nachbarschaft ausleihen. Diese Presse bestand aus einem großen Balkongerüst mit einem Bottich in der Mitte, ähnlich wie eine alte Weinpresse, wie sie die Winzer früher hatten. Das Monstrum wurde in Einzelteilen mit dem Handwagen geholt, in der Waschküche aufgebaut und nahm wegen seiner Ausmaße fast den ganzen Raum ein. Die Zuckerrüben wurden mit einem Schnitzelwerk, das mit der Hand gedreht wurde, zerkleinert, und die Schnitzel kamen dann in die Presse. Die Balken der Presse ächzten und knarrten, und die Spindel quietschte, wenn das Handrad beim Auspressen gedreht wurde, wofür viel Kraft nötig war.

Genau aufpassen, wann der Kessel vom Feuer musste

Der ausgepresste Saft kam in einen großen Kessel und wurde in dem gemauerten Waschkesselofen gekocht. Dabei durfte man aber nicht vom Kessel weggehen, es musste immer gerührt und genau abgepasst werden, wann der Kessel vom Feuer musste. Wer dabei nicht aufpasste und den Saft zu lange kochen ließ, konnte das Ganze dann entsorgen, man bekam den hart gekochten Saft nicht mehr aus dem Kessel.
Bei uns ist das – Gott sei Dank! – nie passiert, meine Mutter wusste immer genau den richtigen Zeitpunkt einzuschätzen. Der Rübensaft wurde schließlich in verschließbare Gefäße abgefüllt, und wir hatten über den Winter hinaus einen leckeren Brotaufstrich. Ich esse übrigens auch heute noch gerne Rübensaft.

Elisabeth Hermann aus Hannover

Geboren: 1938 in Celle
Interessen: Handarbeit, Lesen
Beruf: Einzelhandelskauffrau

Meine Mutter buddelte in dem Geröll

Nach einem Bombenangriff galt es, seine Habseligkeiten aus den Trümmern zu retten. Auch ***Ursula Dietrich*** *weiß noch, wie ihre Mutter aus dem Schutt einen Karton mit Weihnachtskugeln geholt hat. Den Pappbehälter hat sie heute noch.*

Ursula Dietrich als kleines Mädchen mit Puppe in der Hand.

Meine Eltern wurden in der letzten Märzwoche in Hannover-Linden total ausgebombt. Mein Vater in Russland, ich im Harz, da man die hannoverschen Schulen wegen der ständigen Bombenangriffe in den Harz verlegt hatte. Meine Mutter war eine von den „Saukel-Frauen*": Alle Frauen und Mütter mit nur einem Kind über sechs Jahre waren dienstverpflichtet. Meine Mutter musste bei der Conti in Limmer Gasmasken kleben. Alle sechs Wochen ein Wochenende frei. Sie besuchte mich dann unter dramatischen Umständen und kam gerade noch einmal mit dem Leben davon, weil sie einen Zug verpasst hatte, der dann von den Tieffliegern beschossen wurde. Es gab Tote.

In der Schule gab es ärztliche Hilfe

So stand sie dann allein vor dem Trümmerhaufen, der einmal ihre Wohnung war. Zum Glück war sie bei dem Volltreffer an diesem Tag in die Salzmannschule gegangen, da es dort ärztliche Hilfe gab. Einige Hausbewohner, die im Keller des Hauses ausgeharrt hatten, wurden unverletzt gerettet.

Andere erhoben auch Anspruch auf unsere Federbetten

Um aus dem Schuttberg noch etwas zu retten, buddelte auch meine Mutter in dem Geröll und fand, man kann es nicht glauben, unsere Federbetten ziemlich verdreckt und durchgelöchert wieder. Diese musste sie vehement verteidigen, da andere Hausbewohner Anspruch darauf erhoben. Aber sie konnte beweisen, dass es unsere Federbetten waren: Wir hatten auf dem Kleiderschrank vor den Ehebetten einen Persilkarton mit Weihnachtskugeln deponiert, der durch die Wucht des Luftdrucks in die Betten regelrecht reingedrückt wurde und heil samt Federbetten aus dem zweiten Stock im Schutt gelandet war. Diesen Persilkarton habe ich heute noch. Allerdings sind die Weihnachtskugeln an Altersschwäche zerbrochen.

* *Saukel war Gauleiter von Hannover*

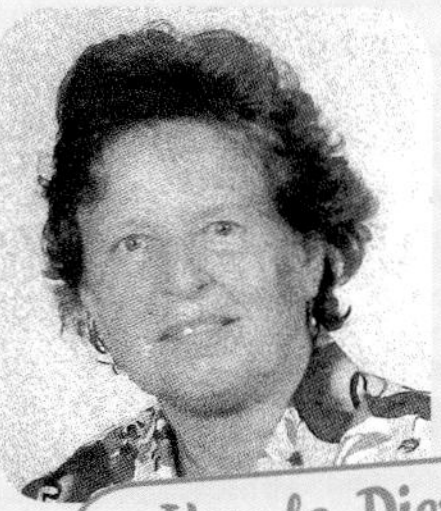

Ursula Dietrich aus Springe

Geboren: 1935 in Hannover
Interessen: Tanzen
Beruf: Kaufmännische Angestellte

Häuser brannten lichterloh

Allein mit dem Zug fuhr die sechsjährige ***Lisa Horl*** *zu ihrer Oma nach Kiel, um dort ihre Ferien zu verbringen. Sie erlebte 1940 einen schlimmen Bombenangriff auf die Stadt. Schutz fanden sie in einem Bunker.*

Nach einiger Zeit standen die großen Ferien bevor. Es war für mich ein Ereignis, dass ich mit dem Zug von Bremen aus meine Großmutter in Kiel in der Lübecker Chaussee besuchen durfte. Meine Eltern kauften eine Fahrkarte und setzen mich in den Zug nach Kiel. Dem Schaffner wurde Bescheid gesagt, der nahm mich mit in sein Abteil. Ich soll sehr artig gewesen sein, berichtete er bei der Abholung meiner Großmutter. Oma schenkte mir zum Empfang einen großen Schokoladenmaikäfer, und nun konnten meine Ferien beginnen.

Kleidung und Koffer mit Papieren lagen bereit

Aber es war Krieg, und die Bombenangriffe über Deutschland fanden natürlich auch in Kiel statt. Eines Nachts heulte die Sirene ohne den sonst üblichen Voralarm, ein grauenhaft durchdringendes Heulen. Für den Fall der Fliegerangriffe hatten damals alle Leute in Deutschland ihre Kleidung und einen Koffer mit wichtigen Papieren bereitliegen. Wenn also Fliegeralarm war, brauchte man sich nur anzuziehen, den Koffer zu schnappen und so schnell wie möglich in den Luftschutzkeller zu laufen.

Die Eltern von Lisa: Elisabeth und Heinz Horl 1937 bei Ihrer Hochzeit.

In dieser Nacht machte Oma noch schnell ihren Volksempfänger an und hörte, dass große feindliche Verbände (Flugzeuge) im Anflug auf Kiel wären. Das bedeutete im Klartext, dass Kiel zusammengebombt werden sollte.

Der Bunker aus dickem Beton war bei Bombenfall sicherer

Meiner Großmutter war der Luftschutzkeller im Wohnhaus unter diesen Umständen nicht sicher genug, zumal schon öfter Leute verschüttet wurden, wenn ihre Häuser abbrannten. Aus diesem Grund nahm Oma mich an die Hand, in der anderen trug sie den Koffer. Wir rannten durch die Straßen, unser Ziel war der circa zehn Minuten entfernte Hochbunker. Dieser Bunker war aus dickem Beton, und man sagte, dass er sogar bei Bombentreffern nicht einstürzen würde.

Wir liefen mit anderen Leuten, die alle den Bunker noch rechtzeitig erreichen wollten.

Vor dem Bunker wurde gedrängelt und geschubst, aber wir kamen hinein, bevor der Luftschutzwart die großen Metalltüren verriegelte. Wir bekamen noch einen Platz auf der Holzbank und hatten so wenigstens eine Sitzgelegenheit. Der Bunker war voller Menschen, junge, alte, Babys.

Es herrschte aber eine erstaunliche Ruhe, wahrscheinlich vor Angst.

Die Erwachsenen stöhnten, und wir Kinder weinten

Dann ging es los! Wir hörten von draußen ein lautes Pfeifen. Ein Mann sagte: „Die werfen jetzt die Bomben ab." Auf einmal ein lauter Knall, und der Bunker schwankte. Wieder sagte der Mann: „Unser Bunker ist von einer Bombe getroffen." Die Erwachsenen stöhnten, und wir Kinder weinten. Das passierte dann noch zweimal in dieser Nacht, bevor endlich gegen Morgen Entwarnung gegeben wurde. Alle Leute im Bunker waren froh, dass sie mit dem Leben davongekommen waren, denn bei diesem Großangriff auf Kiel haben damals viele alles verloren, ihre Angehörigen, Haus, Hab und Gut. Oma und ich gingen über den Asphalt, der wegen der großen Hitze geschmolzen war, nach Hause. Überall brannten Häuser lichterloh, und der Himmel war blutrot. Omas Wohnhaus stand noch, es war von keiner Bombe vernichtet. Gott sei Dank.

Als junges Mädchen: Lisa Horl hat die Schrecken des Krieges erlebt.

Lisa Horl aus Hannover

Geboren: 1934 in Kiel
Interessen: Lyrik, Psychologie, Deutsch, Lesen
Beruf: Schulsekretärin

Wir nannten es „Räuber und Schande“

*Die Trümmerlandschaften in der Nachkriegszeit waren für manche Kinder der reinste Abenteuerspielplatz. Auch **Ingeborg Kiehle** traf sich mit ihren Freunden zum Murmeln- und Versteckenspielen.*

Ingeborg Kiehle aus Wennigsen

Geboren: 1943 in Pfaffendorf/ Schlesien
Interessen: Gartenarbeit, Sport, Klavierspielen
Beruf: Industriekauffrau

1949 war ich sechs Jahre alt. Wir spielten in den Kellern der zerbombten Häuser und liebten diese Trümmer. Wir fanden herrlich gemusterte Porzellanscherben und bunte Glassplitter, die wir in Zigarrenkisten aufbewahrten und gegenseitig tauschten.

Kaum jemand besaß einen Fotoapparat, deshalb kamen Straßenfotografen herum. Sie stellten ein Stativ auf, riefen alle Kinder herbei, einmal sagte einer: „Lauft schnell nach Hause und holt eure Puppe, dann mache ich ein Foto von euch mit der Puppe.“ Sein Fotoapparat hatte hinten ein großes schwarzes Tuch. Er kroch mit seinem Kopf unter das Tuch, rief irgendetwas Lustiges, damit wir lachen sollten, zum Beispiel: „Gleich kommt ein Vogel aus dem Fotoapparat geflogen.“ Tage später kam er wieder, um die Fotos zu verkaufen. Ich habe vier verschiedene davon. Heute fallen mit bei der Betrachtung die armselige Bekleidung auf und die glücklichen Gesichter.

Die Jungen bauten ganze Landschaften, um mit Figuren Krieg zu spielen

Dann folgte die herrliche Zeit der Sandberge. Meterhohe Sandmassen lagen auf unserer kleinen Nebenstraße in Hannover (für den Wiederaufbau der Häuser). Wir bauten am liebsten Burgen. Die Jungen bauten ganze Landschaften, um mit kleinen Figuren Krieg zu spielen zwischen Indianern und Cowboys. Ich fand es schöner, eine Burg mit einer spiralförmigen Mulde zu bauen. Wenn ich eine Murmel oben in den Gang legte und der Sand schön feucht und festgeklopft war, rollte sie kreisförmig hinunter. Meine Murmeln habe ich heute noch. Aus Glas und aus Ton.

Ich spielte mit den anderen Kindern nur mit den schlechteren aus Ton, denn man konnte bei dem Spiel alle verlieren. Es wurde eine kleine Kuhle gebuddelt und ein Strich gezogen. Hinter dem Strich standen die Kinder und warfen eine Murmel Richtung Loch. Die Strecke musste vorher schön eben gemacht und festgetram-

Ingeborg Kiehle bei ihrer Einschulung 1950.

Kindheit in der Trümmerlandschaft: Ingeborg Kiehle (zweite Reihe, Dritte von links) hat mit ihren Spielkameraden eine Sandburg gebaut.

pelt werden, sonst konnte die Murmel nicht rollen.
Jeder merkte sich die Farbe seiner Murmel. Wenn alle geworfen hatten, begann die Spannung. Mit dem geknickten Zeigefinger (manche nannten Murmeln „Knicker") musste die Murmel in Richtung Loch. Jeder durfte einmal, bis alle Murmeln im Loch waren. Der letzte Treffer bekam alle Murmeln!

Um die Häuserblöcke wurde stundenlang gesucht

Das beliebteste Spiel war Räuber und Gendarm (= Polizei). Wir konnten Gendarm nicht aussprechen oder wussten nicht genau, was es war. Jedenfalls nannten wir es „Räuber und Schande". Es wurden zwei Gruppen gebildet, und das Schönste daran war: Alle durften mitspielen: ganz Kleine, ganz Große, Jungen, Mädchen, einfach alle. Die Polizisten sollten die Räuber fangen, alle. Um ganze Häuserblöcke wurde gesucht, stundenlang. Die älteren Kinder sorgten dafür, dass die kleinen sie beim Verstecken nicht verrieten.
Wenn abends ein kurzer lauter Pfiff meines Vaters aus dem Fenster ertönte, rannte ich schnell nach Hause.

Auf der Flucht nach Westdeutschland

*Die Nachkriegszeit führte **Ingrid Behm** als Kind aus Ost-Berlin über den Landkreis Gifhorn nach Fallersleben – auf diese Zeit blickt sie mit gemischten Gefühlen zurück.*

Nach dem Krieg: Ingrid Behm (links) mit der Tante und ihrem Burder (1948).

Das Licht der Welt erblickte ich nicht in dieser Region. Erst als Zugereiste nach den Wirren des Zweiten Weltkrieges kam ich als Siebenjährige im Jahr 1948 aus Berlin in den Kreis Gifhorn. So wie viele andere Menschen auch, die ihre Heimat im Osten verließen und in westliche Richtung flohen, um hier Fuß zu fassen. Für die Menschen, die keine Adresse im Westen hatten, gab es nur die Möglichkeit, in Flüchtlings-Auffanglager zu gehen. Berlin – einstige Perle an der Spree, auch 1941 noch, als ich dort auf die Welt kam. Ich wurde zu spät geboren, um die Schönheit dieser Stadt noch wahrzunehmen und zu erkennen. Jedoch früh genug, um alles Leid in Kriegs- und Nachkriegszeit mitzuerleben. Kindheit, Heimat, Erinnerungen, im Gedächtnis gespeichert.

Hamstertouren aufs Land und stundenlang anstehen waren die Regel

Im Endkampf 1945 galt es, die Hauptstadt Berlin einzunehmen. Als Berlin in Schutt und Trümmern lag, hielt die große Not Einzug. Drei bis fünf Stunden anstehen nach Brot war die Regel, so wie auch die Hamstertouren aufs Land. Der Westteil der Stadt wurde alsbald von den Alliierten über die Luftbrücke versorgt, aber nicht der sowjetische Sektor, in dem wir lebten, meine Mutter, mein älterer Bruder und ich, bei unserer Tante in ihrem Haus in Berlin-Bohnsdorf, am Rande der Stadt. Unsere armen, armen Mütter, was mussten sie für eine Last tragen, sich und ihre Kinder in diesen Zeiten der Entbehrungen durchzubringen.

Die Fleischknochen waren hochgradig verschimmelt, Mutti weinte bitterlich

Zu dieser Zeit meldete sich unser Vater aus amerikanischer Kriegsgefangenschaft in Bayern – das war ein Lichtblick, unser Vater lebte. Manchmal schickte er uns ein Päckchen mit etwas Essbarem. Einmal waren es Fleischknochen, die jedoch schon hochgradig verschimmelt waren, und Mutti weinte bitterlich, sie wusste, dass Vati es gut meinte und um uns sehr besorgt war. Die Post war einfach viel zu lange unterwegs. Sie reinigte die Knochen und kochte sie aus. Später hörte unser Vater, nach der Entlassung aus der Gefangenschaft, von Wolfsburg, einem Ort, der im Krieg noch Stadt des KdF-Wagens hieß, mit einer großen Automobilfabrik, wo es Arbeit geben sollte. Dort angekommen, wohnte er im Männergemeinschaftslager gegenüber der Fabrik am Mittellandkanal an der Fallerslebener Straße in Holzbaracken mit vielen anderen. Im Herbst 1948 nach Beendigung meines ersten Schuljahres verließ unsere Mutter mit mir illegal die Stadt Berlin in Richtung Westdeutschland, auf dem Wasserwege per Dampfer auf dem Elbe-Havel-Kanal und Mittellandkanal, um dann noch den Rest von Calförde (Übernachtung) zu Fuß über die grüne Grenze und per Omnibus nach Wolfsburg zu gelangen. Mein Bruder blieb zurück. Irgendwie wollte oder konnte er den Absprung nicht schaffen. Später, wenn wir eine richtige Wohnung hätten, würde er nachkommen wollen.

Verwaltungsbaracken wurden als Wohnraum für Flüchtlinge freigegeben

Dann stand ich meinem Vater gegenüber, er nahm mich in die Arme mit den Worten: „Kind, bist du groß geworden, dich hätte ich ja gar nicht mehr erkannt." Die Freude, es bis hierher geschafft zu haben, dauerte nur zwei Tage. Wir, meine Mutter und ich, wurden weiterverwiesen in ein Flüchtlings-Durchgangslager nach Uelzen. Von Uelzen kamen wir dann später in ein kleines Lager in Glüsingen bei Wittingen. Nach insgesamt vier Monaten Lageraufenthalt hatten wir großes Glück, da dieses Lager in Glüsingen endgültig aufgelöst werden sollte. Denn es gab ein außer Kraft gesetztes Bombenabwurfversuchsgelände bei Ehra-Lessien mit Verwaltungsbaracken, die als Wohnraum für Flüchtlingsfamilien freigegeben wurden. Das war genial. So konnten wir zusammen mit meinem Vater ein neues, lebenswertes Leben beginnen, jede Familie für sich allein in zwei oder drei Räumen, je nach Personenzahl. Mobiliar gab es aus Wehrmachtsbeständen.

Ein Omnibus der Firma Wallheim brachte täglich unsere Väter zur Arbeit ins 23 Kilometer entfernte VW-Werk nach Wolfsburg. Nun waren wir offiziell eingemeindet und aufgenommen in Niedersachsen in der britischen Zone. Unsere feste Adresse hieß „Ehra-Lessien, Am Platz Nr. 10 (unsere Barackennummer) 20a über Fallersleben". Für fast acht Jahre erlebten wir dort echte Freiheit nach allen Strapazen des Krieges, in dieser wunderbaren Wald- und Heidelandschaft.

Nach Gründung der Bundeswehr 1956 sollte dieser „Bombenplatz" wieder militärisch genutzt werden, die Abwanderung der Menschen begann. Diesmal sollte die neue Heimat endgültig sein. Meine Eltern nahmen 1956 das Angebot einer VW-Wohnung in Fallersleben an. Leider kam mein Bruder dennoch nicht, er ist Berlin treu geblieben bis auf den heutigen Tag. Als Entschädigung schenkten meine Eltern mir ein Schwesterchen, noch in Ehra-Lessien, als ich bereits 13 Jahre alt war.

Ingrid Behm aus Wolfsburg

Geboren: 1941 in Berlin-Bohnsdorf
Interessen: Schreiben, Wandern, Natur
Beruf: Floristin

Frierend unter der Riede-Brücke

*Das Ende des Zweiten Weltkriegs erlebte **Gerda Ernst** in Wasbüttel – als schwangere Frau, deren Mann noch im Krieg war. Sie wünschte sich in dieser Zeit nur eines: Ruhe und Frieden für ihre Kinder.*

Ein herrliches Frühjahr! Aber nur, was das Wetter betraf, in dieser Zeit des Zweiten Weltkriegs. Die ganze Welt brodelte und schrie und betete um Frieden. Warum dauerte dieser wahnsinnige Zustand noch immer an? Deutschland lag in seinen letzten Wehen,

Gerda Ernst als junge Frau.

Gerda Ernst aus Wolfsburg

Geboren: 1917 in Allenbüttel
Interessen: Lesen
Beruf: in der Landwirtschaft tätig

wie erstarrt in großen Schmerzen. Wehen, ja das war's, woran ich bloß noch denken konnte. Nur noch Angst! Ich erwartete mein zweites Kind. Mein Mann war an der Front. Wo, ahnte ich nicht. Ich hatte lange keine Feldpost bekommen.
Der große Sohn meines Mannes war noch nicht im Alter, mir Beistand zu leisten. Mein fünfjähriger Sohn ließ vor Angst meine Hand nicht los. Wir drei wussten nicht wohin, wenn die Sirenen heulten, und sie heulten schaurig – bei Tag und Nacht. Angriffe! Die Front! Vom Westen kam der Feind näher. Alles wurde in Schutt und Asche gelegt. Nicht nur Städte, wichtige Fabriken und Bahnhöfe wurden zerbombt. Auch kleine Dörfer, einzelne Menschen und Bauern auf den Feldern wurden bombardiert. Die Angst wurde immer größer.

Zitternd vor Angst und Verzweiflung haben wir nur noch geweint

Wir suchten Schutz – manche Stunden unter der kleinen Riede-Brücke frierend im Wasser stehend. Ich stand mit meinen Söhnen zum Weglaufen bereit, wusste aber nicht wohin. Sollte ich in den nächsten Wald laufen? Sollte mein Kind draußen geboren werden? Zitternd vor Angst und Verzweiflung haben wir nur noch geweint. Der Gedanke, möchte es doch bald vorbei sein und möge der Feind kommen, war volksfeindlich. Ich hatte ihn – diesen Gedanken – in jeder freien Minute.
So sehr wünschte ich Ruhe und Frieden für meinen großen und kleinen Sohn und für das Ungeborene, das auf diese geschundene Welt wollte, und für alle armseligen Menschen, die heimatlos waren.

Die Wehen setzten ein – meine Eltern und die Hebamme waren unerreichbar

Unsere Befreier – ich darf sie heute so nennen – kamen näher von Westen. Am 24. April war Ruhe – keine Luftangriffe mehr. Keine Sirene heulte mehr – überall fremde Soldaten. Die Besatzung gab strenge Befehle aus. Niemand durfte aus dem Ort. Abends um 6 Uhr mussten Fenster und Türen geschlossen sein. Die Wehen setzten ein – meine Eltern, meine Schwester und die Hebamme waren unerreichbar. Eine Nachbarin stand mir bei der Geburt zur Seite.
Unbeschreibliche Komplikationen ohne ärztliche Hilfe. Am 25. April kam mein zweiter Sohn zur Welt! Ich hatte ein gesundes, prächtiges Kind im Arm. Fast war ich glücklich, aber der Vater fehlte. Er kam im September krank und abgezehrt nach Hause.

BANK
20
N ZUGEN
ZEITUNGEN
HANDGEPÄCK-
AUFBEWAHRUNG
AUSKUNFT
ABFAHRT
HINWEISE
DER BUNDESBAHN
Ankunft und Abfah

Ferien und Freizeit

Ferien und Freizeit waren schon immer die schönste Zeit. Allerdings wurde früher anders Urlaub gemacht als heute: Die Traumziele waren nicht Karibik oder Fidschi, sondern Österreich, Italien und manchmal auch die nächstgelegene Badeanstalt .

Was spielen wir heute?

Diese Frage stellten sich ***Heide-Rose Dombrowski*** *und ihre Freundinnen jeden Tag. Im Vergleich zu heute waren die Möglichkeiten begrenzt, aber das wussten die Kinder damals nicht. Sie hatten ihren Spaß.*

Nach der Flucht 1945 landeten wir in einem kleinen Dorf im Bayerischen Wald und wohnten außerhalb der geschlossenen Ortschaft in einem kleinen Häuschen ohne Strom und sonstige Annehmlichkeiten des alltäglichen Lebens. Wir, das waren meine Mutter, zwei ältere Schwester und ich.

Die Rolle des Vaters war schwer zu besetzen, der fehlte im alltäglichen Leben

Heide-Rose Dombrowiski (rechts) spielte mit ihren Freunden meistens draußen.

Nach der Schule mussten erst einige alltägliche Dinge im Haushalt, von der ältesten Schwester streng überwacht, denn Mutter war zur Arbeit, erledigt werden, und dann konnte unserem Spieldrang freier Lauf gelassen werden. Ich hatte, zusammen mit meiner Schulfreundin Anni und einigen Nachbarskindern, immer eine Menge Ideen, die umzusetzen durchaus wetterabhängig war. Bei Regen wurde drinnen gespielt. Vielleicht „Vater-Mutter-Kind", wobei die Rolle des Vaters immer schlecht zu besetzen war, denn der fehlte ja im täglichen Leben. Aber irgendwie hat es doch immer geklappt, und der Familienalltag konnte nachempfunden werden.

Sehr beliebt war das Spiel „Stadt-Land-Fluss", das ich auch schon mal mit meinen Schwestern spielen durfte. Da sie älter waren, wussten sie entsprechend mehr und konnten auch etwas flotter schreiben. Ich jedoch war ehrgeizig, und das spornte mich umso mehr an, mit den großen Schwestern mitzuhalten. Eine Schulfreundin kam eines Tages mit bunten, kleinen Hornplättchen zur verabredeten Zeit. Es wurde eine Decke auf dem Boden ausgebreitet, wir platzierten uns im Kreis und spielten „Floh-Hops", ein Geschicklichkeitsspiel, bei dem die Plättchen des Gegners ins Aus geschossen werden mussten.

Im aufgestauten, kalten Bach lernte ich schwimmen

Die schönste Zeit verbrachten wir aber bei Sonnenschein draußen an der freien Natur, mit einer Vielzahl an Spielarten. Da gab es verschiedene Ballspiele, Seilspringen, Weit- und Hochspringen, Handstandmachen, Schnelllauf, Rückwärtsgehen, Baden gehen in einem kalten, aufgestauten Bach. Hier lernte ich so ganz nebenbei das Schwimmen, denn die anderen konnten das schon. Waren wir übermütig, kletterten wir auch schon mal auf einen Baum. Die Dämmerung kam viel zu schnell, denn es hieß: „Wenn es dunkel wird, kommst du nach Hause ...", und da gab es keine Widerrede, alle hielten sich daran.

Ach, wenn doch die Schulstunden so schnell vorübergehen würden, die dauerten eine gefühlte Ewigkeit. Was blieb, war die Vorfreude auf den nächsten Tag.

Heide-Rose Dombrowski aus Laatzen

Geboren: 1938 in Gleiwitz (heute Gliwice)/Schlesien
Interessen: naturverbunden, ehrenamtlich tätig für die Tafel in Pattensen, Ratsfrau in Laatzen, singen im Chor
Beruf: Sachbearbeiterin im Schuhhandel

Großer Tag: Als Fredi gegen Pelé spielte

*1961 fand in Wolfsburg ein sportliches Großereignis statt: Der Weltpokalsieger FC Santos aus Brasilien trat in einem Freundschaftsspiel gegen die Fußballer des VfL Wolfsburg an. In der Wolfsburger Elf stand auch **Fredi Reckel**.*

Der große Tag: Fredi Reckel (rechts) und sein Mannschaftskamerad Günter Klinzmann (links) mit Weltstar Pelé.

Das Spiel am 3. Juni 1961 gegen den FC Santos werde ich nicht vergessen. Als wir einige Wochen vor der Partie von unserem Trainer Pipin Lachner erfahren hatten, dass wir eventuell gegen den brasilianischen Weltpokalsieger spielen würden, konnte ich das gar nicht glauben. Wir als kleiner VfL gegen Weltstars wie Pelé, Coutinho und Pepe. Unglaublich. Und als wir einige Tage vor dem 3. Juni wussten, dass die Begegnung dank der Unterstützung von Volkswagen tatsächlich stattfinden würde, war ich mächtig nervös. Denn mein Trainer hatte mir gesagt, das ich gegen Pelé spielen würde. Ich konnte das im Vorfeld ahnen, denn ich war damals bei uns als linker Außenläufer gesetzt, und Pelé spielte bevorzugt als rechter Halbstürmer, wie das damals hieß.

Als ich ihn beobachtete, dachte ich mir: „Was für ein schmächtiger Kerl"

Knapp zwei Stunden vor dem Anpfiff haben wir uns im Stadion am Elsterweg getroffen, und ich konnte es immer noch nicht glauben, dass es gegen Pelé geht. Als ich ihn beim Warmmachen beobachtet hatte, dachte ich mir: „Was für ein schmächtiger Kerl." Aber da habe ich schon gesehen, dass er topfit ist, da wurde mir schon mulmig. Ich dachte: Hoffentlich lässt er mich nicht alt aussehen. Als wir dann das Stadion betraten, waren wir von der Kulisse mit rund 10.000 Zuschauern ziemlich beeindruckt. Das kannten wir gar nicht.

Erst einmal schauen, was der Ballkünstler da so trieb

Als der Schiedsrichter endlich anpfiff, hatte sich meine Nervosität einigermaßen gelegt. Ich habe Pelé nicht direkt gedeckt, sondern in der Anfangsphase mit respektvollem Abstand beobachtet, was der Ballkünstler da so trieb. Als dann die Maschine FC Santos mit Pelé in Fahrt kam, hatten wir große Probleme. Die haben damals so ballsicher gespielt, wie es heute zum Beispiel Bayern München und der FC Barcelona machen. Nachdem Pelé zum 2:0 für Santos traf, habe ich ihn etwas enger genommen. Einmal habe ich auch kräftig zugelangt. Als er auf dem Rasen lag und ich in seine Augen blickte, habe ich mich sofort für das Foul entschuldigt. Da nahm er mich in den Arm und legte ein breites Grinsen auf. Diesen Blick werde ich nicht vergessen. Nach dem Spiel, wir hatten 3:6 verloren, saßen wir noch im Parkhotel am Steimker Berg zusammen, haben in lockerer Atmosphäre geplaudert. Das war ein toller Tag für mich und meine Mannschaftskollegen – ein einmaliges Erlebnis.

Wilfried „Fredi" Reckel aus Wolfsburg

Geboren: 1939 in Kästorf
Interessen: Fußball
Beruf: Elektriker

Vorm Wettkampf wurde der Wald gefegt

Die Leichtathletik hatte es ***Horst Berner*** *aus Meinersen in seiner Jugend angetan. Fantasie und Erfindungsgabe waren gefragt, um „Wettkampfstätten“ zu errichten, auf denen die jungen Leichtathleten ihren Vorbildern nacheifern konnten.*

1954 durfte ich als Kind, am Boden sitzend, euphorisch die Fußballweltmeisterschafts-Übertragungen aus Bern miterleben. Ein Sieg gegen Ungarn, ein Wunder! Zur Feier bekam ich meine erste Coca-Cola spendiert!
Auch ich wollte unbedingt Fußball spielen im Männer-Turn-Verein Meinersen (Vorläufer des SV Meinersen-Ahnsen-Päse). Es dauerte nicht lange. Pressschlag – dicker Knöchel. Mein Vater musste mich jeden Tag auf dem Gepäckträger seines Fahrrades zur Schule in den Schmiedekamp bringen. Reaktion war ein Machtwort: „Du spielst mir nie wieder Fußball!“ Ich wollte aber unbedingt Sport treiben!

Sportschuhe mit zwei bis drei Millimeter starken Contisohlen

Bei uns nebenan auf „Niebuhrs Saal“ boten Altmeister Heinrich Kunau und Oberturnwart Heinrich Heering nach Turnvater Jahns Methode „Frisch, Fromm, Fröhlich, Frei“ Turnen an. Barrenturnen – das war mir zu anstrengend. Reckturnen – noch schlimmer, da hängt man nur rum.
Blieb mir nur die Leichtathletik. Also habe ich gesagt, ich gehe zum Turnen, bin aber auf der Straße (später B 188) Richtung Gifhorn gelaufen. Das ging ganz gut, da die Fahrbahn eben war und kaum Autos die Straße befuhren. Ich hatte Sportschuhe mit zwei bis drei Millimeter starken Contisohlen und oben mit Lack verstärktem Textil. Armin, Fritz, Gerhard, Harry, Manfred, Maxi, Reinhold und später auch einige Mädchen wie Dietlind, Bärbel, Heidi und ich nahmen an Sportfesten, unter anderem in Ahnsen, Didderse, Leiferde, Müden teil, aber auch in Meinersen wurden Sportfeste und „Geländeläufe“ organisiert. Natürlich geschah Anreise und Rückreise immer mit dem Fahrrad, die längste Anreise hatten wir zu einem Sportfest in Wesendorf.
Dort angekommen, rammten wir einen ausrangierten Speer mit unserem Wimpel in die Erde, dort wurden unsere Trainingsanzüge, Schuhe und die paar Groschen für Getränke gelagert – Umkleidekabinen gab es kaum. Wenn wir mit unseren Leistungen erfolgreich waren, kamen wir stolz, glücklich, zufrieden wieder in Meinersen an.

Im Baugeschäft Kalk besorgt, um eine Laufbahn aufzuzeichnen

Die erste Fernsehübertragung der Olympischen Spiele 1956 von der anderen Seite der Erdkugel, aus Melbourne in Australien, war unglaublich für mich. Einen eigenen Fernseher in der Familie hatten wir nicht, mein Vater hatte zu der Zeit eine Bäckerei, in der die ganze Familie selbstverständlich mithelfen musste. Aber in der Gaststätte Ubrig (heute Tagestreff für Demenz- und Alzheimerkranke Men-

Wettkampf mit einfachen Mitteln: Die Laufbahn markierten die Athleten selbst.

schen) stand ein Fernseher, und gegen Kauf einer Coca-Cola konnten wir Kinder hier fernsehen und für die Athleten Daumen drücken – etwa für unsere Vorbilder Martin Lauer, Weltmeister u. Rekordhalter über 110 Meter Hürden und Zehnkämpfer, Manfred Germar, 100 und 200 Meter, Herbert Schade 5000 und 10.000 Meter, oder auch Erika Fisch aus Hannover über 80 Meter Hürden und 4x100-Meter-Staffel. Das war spannend, und so versuchten wir Kinder unseren „Helden" nachzueifern. Der „Kleine Eichenkamp" – damals hinter den Häusern Schmiedestraße 8 und 10 – wurde zur Wettkampfstätte.

Für die Disziplin Laufen wurde vom Baugeschäft Hans Könecke ein Eimer Kalk besorgt, um eine Laufbahn aufzuzeichnen. Aber zuerst wurde der „Wald gefegt" – für die Laufstrecke zwischen den nicht in gerader Linie wachsenden Eichenbäumen hindurch. Gelaufen wurde barfuß. In der Mitte der Laufbahn wurde der Kalkstrich gezogen.

Die Zeit wurde abgezählt – langsam 1, 2, 3, ... – das bewährte sich aber nicht, da die „Zeitnehmer" unterschiedlich schnell zählten. Was nun? Mein Vater besaß schon eine Uhr mit einem Sekundenzeiger. Und er gab sie uns nach intensivem Bitten.

Beim Hochsprung hielten zwei eine Wäscheleine gespannt über die Laufbahn

Für den Hürdenlauf wurden einfach Kisten, Bretter oder Ähnliches auf die Laufstrecke gestellt. Wenn sie zu hoch waren, wurde auch das Drumherumlaufen akzeptiert. Der Hindernislauf mit Wassergraben wurde aus dem olympischen Programm gestrichen. Das Wasser versickerte immer.

Beim Hochsprung hielten zwei von den Nicht-Aktiven eine Wäscheleine gespannt über die Laufbahn. Um Mogeln zu vermeiden, wurden zwei bis drei Meter lange Holzstangen, die zum Abstützen und als Rankhilfe für Stangenbohnen genutzt wurden, an zwei Bäumen angebunden. Ab 50 Zentimeter Höhe wurden kleine Nägel in zuerst zehn Zentimeter und weiter oben in fünf Zentimeter Abstand eingeschlagen. Wir befestigten einen Bindfaden an den Nägeln. Und dann: Anlauf und rüber – und wenn nicht, gab es Schrammen. Für die Sprunggrube des Weitsprungs wurde der Boden umgegraben, und schon begann der Wettkampf. Die Bohnenstangen für den Stabhochsprung hatten wir ja noch. Also, einen Versuch war es wert. Versuch gescheitert – Holzsplitter in der Hand – aua, Mist!

Der Sieger bekam in Ermangelung einer Goldmedaille oder eines Olivenzweigkranzes einen kleinen Eichenzweig – manchmal gab es auch für alle Olympiateilnehmer einen Apfel.

Hochsprung: Als Pfosten für die Anlage dienten lange Bohnenstangen.

Horst Berner aus Meinersen

Geboren: 1941 in Meinersen
Interessen: Hobby-Archivar für die Samtgemeinde Meinersen
Beruf: Bäcker, Kaufmann

Rotkäppchen und der liebe Schäferhund

In einer Schrebergartenkolonie ist dieses Bild entstanden, das sehr an das Märchen der Brüder Grimm erinnert. ***Frieda Beck****, das Mädchen auf dem Foto, hat dazu ihre Gedanken aufgeschrieben.*

Ein bisschen mulmig war Frieda Beck schon, als sie dem großen Hund gegenüberstand.

Frieda Beck aus Langenhagen

Geboren: 1930 in Hannover
Interessen: Reisen
Beruf: Betreiberin einer Tankstelle in Godshorn

Es war einmal ein kleines Mädchen mit blonden Locken. Es wohnte mit seinen Eltern in Linden. In Körtingsdorf hatten die Eltern einen kleinen Garten. Die Kolonie hieß Waldesruh und lag direkt am Bornumer Holz. Ein Gartennachbar hatte einen wunderschönen Schäferhund. So entstand die Idee, die beiden zusammen zu fotografieren. Dem kleinen Mädchen gefiel das gar nicht, denn es hatte große Angst vor dem riesigen Hund. (Obwohl der „Bill“ ein ganz lieber Hund war.)

Rotkäppchen trug im Korb Kuchen und eine Flasche Kirschwein

Und so begegneten sich Rotkäppchen und der Wolf an einem Sommertag 1935 im Bornumer Holz. Rotkäppchen hatte im Korb selbst gebackenen Kuchen und im Arm eine Flasche Kirschwein dabei. Wer immer noch nicht an Märchen glaubt, der soll mich fragen, ich war dabei.

Mit vier Jahren allein auf Bahnreise

Früher schickten Eltern ihre Kinder auch mal allein mit dem Zug zu Verwandten in eine andere Stadt. Die kleine ***Eva Heise*** *reiste von Frankfurt am Main nach Dresden zur Oma. Sie hatte aber einige Aufpasser.*

Eva Heise als vierjähriges Mädchen.

1930, ich war erst vier Jahre alt: Mutti wurde krank und musste ins Krankenhaus. „Klein Eva" musste zu Oma und Opa nach Dresden. Wir wohnten damals in Frankfurt am Main. Also wurde ich in den Zug gesetzt, der direkt nach Dresden fuhr. Der Schaffner wurde beauftragt, mich in Dresden Oma und Opa zu übergeben. Auch eine Toilettenfrau, die den Zug ständig begleitete, wurde gebeten, nach mir zu sehen. So etwas war damals alles möglich.

Fast hätte der Mann mit Eva an der Hand den Zug verpasst

Alles ging gut, die Rückreise ging dann für „Klein Eva" etwas aufregender vonstatten. Der Schaffner wurde wieder informiert, und zusätzlich übergab man mich einem Herren, der auch in Frankfurt ausstieg und bereit war, auf mich aufzupassen und mich in Frankfurt zu meinem Vater zu bringen. Dieser Herr passte so gut auf mich auf, dass er mich nicht alleine ließ, denn … als der Zug in Leipzig einen längeren Aufenthalt hatte, nahm der gute Mann mich an die Hand und stieg mit mir aus. Er meinte, ich bräuchte keine Angst zu haben, wir würden gleich wieder in den Zug steigen, er wolle mir im Bahnhof etwas kaufen. Das tat er dann auch und lief danach eiligst mit mir zurück. Auf dem Bahnsteig angekommen, pfiff bereits der Schaffner, er hob sein Abfahrtsignal, sah uns rennen, ließ die Tür vom D-Zug auf und schob uns hinein.

Der Mann legte Eva in das Koffernetz zum Schlafen

„Klein Eva" war wohl völlig erschöpft. Ich weiß, dass ich ziemlich gezittert habe. Jedenfalls legte mich der Herr sorgsam in das Koffernetz (ja, die Kofferablage war damals noch ein Netz.). Darin sollte ich mich ausruhen und ein wenig schlafen. Ob ich geschlafen habe, weiß ich nicht mehr. Ich weiß nur noch, dass ich gut zu Hause angekommen bin und froh war, wieder bei meinen Eltern zu sein. Immerhin ein großes Erlebnis für ein kleines Kind, was es nie vergessen hat. Heute wäre dies alles einfach undenkbar! Heute, mit 87 reise ich immer noch gerne mit dem Zug und zum Glück ganz ohne Hilfe und Aufsicht!

Eva Heise aus Hannover

Geboren: 1925 in Westerland/Sylt
Interessen: Garten, Reisen
Beruf: Kaufmännische Angestellte, später Postassistentin

Mein Kindersommer

Der Sommer bei den Großeltern auf dem Dorf war für ***Heike Herbst*** *die schönste Zeit des Jahres. Noch heute riecht sie den Duft der süßen Erdbeeren und Himbeeren aus Opas Garten und schmeckt die Marmelade, die Oma daraus kochte. Nur ein Gewitter konnte die Freude trüben.*

Mein Kindersommer. Er riecht rot und süß nach Erdbeeren und Himbeeren, nach Erdbeermarmelade und Himbeersaft. Der süße Duft hängt tagelang in der Scheune, wo meine Großmutter und ich die Erdbeeren, die mein Großvater schon morgens in aller Frühe gepflückt hat, von den Stielansätzen befreien. Dabei wandert auch hin und wieder eine der süßen Früchte in den Mund. Lecker; so, so lecker sind sie! In der Küche wartet schon der große Topf, der die Früchte aufnimmt, zusammen mit viel Zucker werden sie zu Marmelade gekocht. Dabei nimmt dieser köstliche Duft zu, zieht durchs ganze Haus und bleibt als Dufterinnerung haften.
Später die Himbeeren, die so viel zarter sind, die man vorsichtig behandeln muss, ihr Duft, wenn sie zu Saft gekocht werden, ist ähnlich süß und betäubend. Für mich ist der Duft so vielversprechend, so unwiderstehlich, dass ich am liebsten meinen Kopf über den Topf halten möchte.

Ich fühle das frische Wasser des Bachs an meinen Füßen

Mein Kindersommer. Er schmeckt rot und süß nach der ersten Erdbeermarmelade, ich trinke den roten, süßen Himbeersaft und kann mir nicht vorstellen, dass ich irgendwann etwas anderes trinken möchte.

Sommer 1961: Heike Herbst (Mitte) mit zwei Freundinnen im Garten beim Stricken mit der Strickliesel.

Mein Kindersommer. Ich fühle das kalte, frische Wasser des kleinen Bachs an meinen Füßen. Wir beobachten die Blutegel und schreien laut, wenn sie sich uns auf die Haut setzen. Wir stauen das Wasser und freuen uns, wenn es befreit wieder in den Bachlauf stürzt. Natürlich ist es noch schöner, wenn sich ein Erwachsener findet, der uns mit dem Auto zu dem nächsten kleinen Schwimmbad bringt, wo wir im Wasser toben, bis die Lippen sich blau färben.

Mein Kindersommer. Ich begleite meinen Großvater in seinen Garten und sehe nach, ob die Löwenmäulchen schon blühen. Die rosafarbenen, gelben, weißen und roten Blüten an einem langen Blütenstiel sehen nicht nur schön aus, man kann mit ihnen auch spielen. Dazu suche ich die Erde ab, schaue, ob schon eine Blüte herabgefallen ist. Wenn ich eine finde, drücke ich die Blütenlippen vorsichtig knapp über den Kelchblättern mit Daumen und Zeigefinder zu-

sammen – und das Löwenmäulchen öffnet seinen Blütenmund, schnappt nach der Nase des Großvaters oder nach den Ameisen, die geschäftig hin und her laufen.
Mein Kindersommer. Mit anderen Kindern, die auch zu Besuch sind oder eben das Glück haben, auf dem Dorf zu wohnen, treffen wir uns bei schlechtem Wetter in der Nachbarschaft zum Kartenspiel. Canastastapel werden aufgetürmt und den anderen weggeschnappt. Es wird gewonnen und verloren, es wird auch geschummelt, und es gibt Tränen. Die Erwachsenen sind alle beschäftigt, wir bleiben allein und regeln meist alle Streitereien selber. Wenn die Sonne wieder scheint, gehen wir in den Garten, spielen Schule oder denken uns kleine Theaterstücke aus, die wir den Erwachsenen vorführen.

Im Sommer 1958 bekam Heike Herbst ihr erstes Fahrrad.

Ein Gewitter zieht auf, die aufgeregt gackernden Hühner müssen in den Stall

Mein Kindersommer. Am Himmel, am Morgen noch blau und weit, treffen sich kleine, weiße Wolken, ballen sich zusammen und wechseln die Farbe. Grau und schwer hängen sie nun am Himmel, eine drückende Stille breitet sich aus, die aber bald von einer hektischen Geschäftigkeit abgelöst wird. Ich helfe meiner Großmutter, die Wäsche hereinzuholen und die aufgeregt gackernden Hühner in den Stall zu treiben. Trecker fahren durchs Dorf, Kinder werden hereingerufen, als das erste Grummeln in bedrohliches Grollen übergeht. Die ersten Blitze zucken über den Himmel, und es beginnt zu regnen. Riesige Tropfen klatschen auf den trockenen Boden, und der Donner kommt näher und näher.
„Der liebe Gott schimpft“, meint meine Großmutter, und ich überlege, was ich wohl Schlimmes getan habe.

Heike Herbst aus Isernhagen

Geboren: 1953 in Deinsen/Eime
Interessen : Lesen, Vorlesen, Schreiben
Beruf: Lehrerin

Ein Badenachmittag im Großen Garten

*An einem heißen Sommertag machte **Sigrid Winkel** sich gemeinsam mit ihren Freundinnen zu einem anstrengenden Fußweg zum Leinhäuser Bad auf. Doch als die Mädchen endlich ankamen, verweigerte ihnen die Kassiererin den Einlass.*

Sigrid Winkel (14, hi. li.) in der Mädchenmittelschule, heute IGS Linden.

Geboren: 1936 in Hannover
Interessen: Lesen, Handarbeiten, Gartenpflege
Erlernter Beruf: Sekretärin

In der Nachkriegszeit hatten wir Kinder viel Platz zum Spielen. Wir wohnten damals in der Asternstraße in der Nordstadt. Das breite Trottoir und die gepflasterte Straße gehörten uns, denn ein Auto kam nur sehr selten vorbei. Am Nachmittag durften wir Jungen und Mädchen auf der niedrigen Außenfensterbank des Ladens sitzen, der Herrn Martin gehörte, und auf die anderen warten. Dann spielten wir Ballprobe, Völkerball und andere Ballspiele. Einen Ball hatten wir immer, denn mein Vater arbeitete bei Conti. Aber auch Hinkelkasten, Pindopp schlagen und Verstecken waren beliebte Spiele. Das Betreten der Trümmergrundstücke war uns dabei streng verboten.

An einem heißen Sommertag beschlossen wir – ein halbes Dutzend Mädchen, etwa zwölf Jahre alt –, zum Schwimmen ins Leinhäuser Bad zu gehen. Als wir dort nach einem anstrengenden Fußmarsch mit unseren Decken, Butterbrot und einer Flasche mit Tee ankamen, schickte die Kassiererin uns wieder fort. „Heute Nachmittag ist nur für Berufstätige geöffnet. Euch kann ich leider nicht reinlassen", sagte sie. Da standen wir nun. „Dann gehen wir in den Großen Garten", schlug eine von uns vor. Und so zogen wir wieder los nach Herrenhausen.

Im Großen Garten gab es keine Blumenrabatten und Fontänen

Im Großen Garten gab es zu der Zeit keine Blumenrabatten und auch keine Fontänen. Wir suchten uns einen der kleinen Gärten aus. Die Bassins waren mit Regenwasser gefüllt und schon etwas grün von Algen. Aber wir waren ja nicht verwöhnt. Wir breiteten unsere Decken auf der Wiese aus und verspeisten unsere mitgebrachten Sachen. So wurde es doch noch ein vergnüglicher Badenachmittag – wenn auch im Großen Garten.

Ernas Auftritt war der Höhepunkt im Badbetrieb

*An heißen Sommertagen geht's ab ins Schwimmbad. Das war Ende der vierziger Jahre nicht anders als heute. **Gertraude Lampe** erinnert sich, welche Anziehungskraft das weibliche Geschlecht auf Jungen hatte.*

Gertraude Lampe (links) mit ihrer Schwester Renate.

Im Vordergrund der Ferien in Weinböhla (Sachsen) stand für meine ältere Schwester und mich nicht das Baden, sondern erst einmal ein längerer Fußmarsch bei sommerlichen Temperaturen zum Nutzgarten. Dort gab es diverse Obstbäume, Sträucher mit verschiedenen Beeren und vor allem Mais für die Hühner und Tabakpflanzen für Vaters Zigaretten – selbst gedreht.

Erst die Arbeit, dann ging es auf zum Schwimmvergnügen

Meine Schwester und ich mussten dem ständig wachsenden Unkraut zu Leibe rücken. Es kam auch vor, dass mein Vater am Wochenende den ganzen Tag im Garten war, und wir trugen das von Mutter gekochte Mittagessen, in einem Obstkorb und in Tücher gehüllt, zum Garten. Nach getaner Arbeit ging es zu Fuß, ein Fahrrad hatten wir nicht, ins Schwimmbad. Dieses Bad existiert heute immer noch.
Vor dem Bad gab es eine Allee mit Apfelbäumen, die sogenannten Augustäpfel. Noch bevor diese einigermaßen reif waren, wurden sie mit allen möglichen Hilfsmitteln von den Kindern vom Baum geholt. Nur wenige, oben am Baum, erreichten ihren Reifegrad. Im Schwimmbad angekommen benutzten wir zum Umziehen kleine, aneinandergereihte Holzkabinen. Die mehr oder weniger großen Astlöcher in den Wänden übten auf die Jungen eine große Anziehungskraft aus. Man konnte durch diese den Mädchen beim Ausziehen zusehen. Wir Mädchen behielten diese Löcher natürlich auch im Auge.

Jungen bekamen praktischen Anschauungsunterricht

Das Schwimmen haben wir uns selbst beigebracht. Ein Höhepunkt des Badebetriebs war der Auftritt von Erna. Sie war älter als wir und schon mit entsprechenden Rundungen ausgestattet. Bekleidet mit einer schwarzen Turnhose und einem dünnen Unterhemd stieg sie ins Wasser. Wenn sie herauskam, gab es für die Jungen praktischen Anschauungsunterricht, denn die Oberkleidung lag dann eng am Körper an. Sie legte sich dann auf die Holzbohlen, sonnte sich und ließ sich trocknen. Bis das Schauspiel wieder von vorn anfing. So trug Erna bewusst oder unbewusst zu einer gewissen Aufklärung Ende der vierziger Jahre bei.

Gertraude Lampe aus Garbsen

Geboren: 1939 in Meißen
Interessen: Lesen, Bergwandern, Sport
Beruf: Versicherungssachbearbeiterin

Camping in Italien

***Annemarie Schimmeyer** schwärmt heute noch von den Urlauben mit ihrer Familie in Italien. Mit ihrem Mann Otto, den Söhnen Holger und Harald, Zelt und Gepäck ging es im kleinen VW-Käfer auf die große Reise.*

Annemarie Schimmeyer aus Oberursel

Geboren: 1933 in Berlin
Interessen: Familie, Autofahren, Reisen, Wohnwagen am Paradiessee in Meerdorf
Beruf: Zahnarzthelferin

Es war das Jahr 1963. Wir waren eine junge Familie mit zwei Söhnen, damals sechs und neun Jahre alt, als wir uns entschlossen, das Campingleben kennenzulernen. Unser Zelt war für die damaligen Verhältnisse schon recht komfortabel, es hatte einen größeren Wohn- und Küchenbereich, zwei Schlafkabinen sowie eine überdachte Terrasse. Unser fahrbarer Untersatz war ein VW-Käfer mit Schiebedach.
Da unsere Finanzen doch noch recht knapp waren, haben wir auch diverse haltbare Lebensmittel mitgenommen. Auch die Gasflasche musste damals noch mitgenommen werden. Unsere beiden Söhne saßen auf der Rückbank auf Schlafsäcken und einiger Bettwäsche. Mit den Köpfen berührten sie fast die Decke des Autos. Unser ältester Sohn lief kurz vor der Abfahrt noch einmal ins Haus und kam mit seiner nicht gerade kleinen Gitarre zurück, die unbedingt noch mit musste. Nach einigen Diskussionen wurde auch die noch verstaut. Nur gut, dass man damals an der Grenze – unser Ziel war Jesolo nahe Venedig in Italien – noch nicht zur Kontrolle auf eine Waage fahren musste.

Kochen war Aufgabe der Hausfrau, Restaurantbesuche waren zu teuer

Nachdem wir einen schönen Stellplatz mit Meerblick gefunden hatten, ging es ans Zeltaufbauen. Von allen Seiten kamen hilfreiche Nachbarn. Unsere Söhne genossen das ungezwungene Leben und fanden schnell Freunde. Es wurde noch täglich gekocht, was natürlich Aufgabe der Hausfrau war, denn Restaurantbesuche waren einfach zu teuer.
Auch wurde öfter die Wäsche gewaschen, da wir keine Möglichkeit hatten, viel Wäsche zum Wechseln mitzunehmen. Die Jungen holten morgens Brötchen, und der Vater kümmerte sich um das Auto und verschiedene technische Dinge.
Gegen Abend spielte der ältere Sohn oft mit dem Vater Fußball, und der jüngere Sohn bummelte mit mir über den Campingplatz. Wir schauten mit Bewunderung die Wohnwagen an. Zu den damaligen Zeiten wusste ich noch nicht, dass viele Jahre später die Fahrt mit dem Wohnwagen nach Italien Wirklichkeit wurde, allerdings da ohne Kinder, die inzwischen erwachsen waren.

Ein Banker aus Mailand ist gegen unser Zelt gefahren

Ich kann mich an ein Erlebnis erinnern. Wir waren am Strand, nur unserer älterer Sohn war noch im Zelt. Plötzlich kam er ganz aufgeregt und sagte, eben ist jemand gegen unser Zelt gefahren und hat es beschädigt, aber er hat nicht angehalten. Der Sohn hatte sich klugerweise

Mit dem VW-Käfer auf dem Campingplatz in Italien.

die Autonummer gemerkt. Wir haben dann Kontakt aufgenommen. Es stellte sich heraus, dass es ein Banker aus Mailand war. Er hat uns später den Schaden ersetzt. Damals haben also auch die Banker Urlaub auf dem Campingplatz gemacht.

Wir mussten ja immer eine Zwischenübernachtung einlegen

Etwas Besonderes war ein Ausflug nach Venedig oder einige Jahre später von einem anderen Campingplatz an der Riviera nach Monaco.
Eins möchte ich noch erwähnen: Wir mussten ja immer eine Zwischenübernachtung einlegen. Einmal hatten wir Pech und bekamen kein Hotelzimmer. Es wurde schon dunkel, als mir der Gedanke kam, zur nächsten Polizeistelle zu fahren. Eine Zimmervermittlung gab es kurz vor der italienische Grenze nicht. Ich schilderte den Beamten unsere Situation mit der Bemerkung, dass wir zwei kleine Kinder im Auto hatten. Innerhalb von 20 Minuten hatten wir die Adresse eines Hotels. Ich hatte nur gehofft, dass der Beamte nicht ins Auto schaut und unsere damals 11 und 14 Jahre alten Söhne gesehen hätte.
Auch wenn wir damals recht bescheiden gelebt haben, waren es doch unbeschwerte, glückliche Urlaube.

Vater bekam immer das dickste Stück

Die Wochenenden mit ihrer Familie hat ***Brigitte Proske*** *in guter Erinnerung. Es folgte immer dem gleichen Ritual. Erst wurde geputzt, der Garten gemacht und dann der Sonntagsbraten aufgetischt.*

Am allerschönsten fand ich immer unsere Wochenenden, die bei uns stets mit dem gleichen Ritual „eingeläutet" wurden: Es begann am Freitag mit dem gründlichen Hausputz. Wenn ich mittags von der Schule kam, empfing mich schon der wohlriechende Duft von Bohnerwachs. So scheuerte meine Mutter mit dem schweren Bohnerbesen, den sie hin- und herbewegte und der so schön klick-klack, klick-klack machte, den Holzdielenboden und dem Stragula-Boden* blank. Alle Stühle waren kopfüber auf den Tisch gestellt, und ich fand es ziemlich ungemütlich. Doch auch ich musste tätig werden, bekam einen Lappen und ein Putzmittel in die Hand gedrückt und sollte alle Fenstergriffe und Türgriffe aus Messing blank polieren.

Mutter feuerte den Herd an, um den Sonntagsbraten vorzuschmoren

Am Samstag wurde der Garten hergerichtet, indem auf den Sandwegen mit der Harke Muster geharkt wurden, und wehe, man zertrat das Muster wieder! Meine Mutter feuerte dann (auch im Sommer) den Küchenherd an, um darauf den Sonntagsbraten vorzuschmoren. Der leckere Geruch ließ den Sonntag schon erahnen. Anschließend wurde die Zinkwanne neben dem Herd für mich aufgestellt, auf dem schon in vielen Töpfen heißes Wasser für das Wannenbad brodelte.

Am Abend saß die gesamte Familie im Wohnzimmer und verfolgte vor dem Radio ein Hörspiel, ein Konzert oder einen sogenannten „Bunten Abend" mit Peter Frankenfeld. Meine Mutter und meine Schwester handarbeiteten währenddessen, Tischdecken oder Sofakissen wurden ausgestickt, doch ich musste bald „Gute Nacht" sagen und in mein Bett krabbeln, das im Schlafzimmer der Eltern am Fußende der Ehebetten stand.

Das gute Sonntagsgeschirr und das Silberbesteck kamen auf den Esstisch

Dann kam der Sonntag. Er unterschied sich sehr von den Wochentagen. Meine Mutter und meine Schwester banden sich weiße Schürzen um, anstatt wie in der Woche die bunten. Das Mittagessen wurde statt in der Küche im Wohnzimmer aufgetragen. Eine weiße Tischdecke, das gute Sonntagsgeschirr sowie das inzwischen gesammelte Silberbesteck kamen auf den Esstisch. Jeden Sonntag wurde eine Vorsuppe serviert, anschließend ein Sonntagsbraten, von dem der Vater das erste und dickste Stück auf den Teller gelegt bekam.
Am Nachmittag zogen wir alle unseren Sonntagsstaat** an, der Vater trug einen Anzug und einen Hut, die Mutter ein Kostüm und ein Hütchen und ich ein feines Sonntagskleid und selbstverständlich weiße Strümpfe,

Brigitte Proske
aus Bad Münder

Geboren: 1950 in Altwarmbüchen
Interessen: Briefe schreiben, Reisen, Garten
Beruf: Hausfrau

Familienidylle 1956: Brigitte Proske mit ihren Eltern und Tante.

wie alle Mädchen und Jungen zu der Zeit. Schmutzig machen durfte ich mich nicht. Man blieb am Sonntag im Kreise der Familie und spielte nicht mit anderen Kindern.
Nun machten wir uns auf den Weg zu unserem sonntäglichen Spaziergang am Sonntag. Unser Dorf bot nicht viele interessante Ziele, doch wir drehten unsere Runden über die Feldwege, wir spazierten durch das Altwarmbüchener Moor und besuchten die Familiengräber auf dem schönen Friedhof. Wenn die Sonne lachte und wir wieder zu Hause angekommen waren, wurden der Küchentisch und die Stühle auf die Rasenfläche getragen und Muttis selbst gebackener Kuchen aufgetischt. Wollten wir geschlagene Sahne haben, wurde meine Schwester Renate mit dem Fahrrad in das einige Kilometer entfernte Buchholz geschickt, um sich dort in einer Konditorei in eine mitgebrachte Schale geschlagene Sahne einfüllen zu lassen. Kühlschränke gab es in den meisten Haushalten noch nicht.

**kostengünstige Linoleum-Imitation*
***besonders repräsentative Kleidung*

Kinder, war das eine Zeit!

Leser erinnern sich an ihre Jugend – Band 2

Redaktion: Jelena Altmann
Redaktionelle Mitarbeit: Renate Schoch
Layout & Satz: Katrin Schütze-Lill
Art Direktion: Florian Knabe
Projektmanagement: Kevin Loh
Gesamtverantwortung: Sandhya Wilde-Gupta

Fotos: Alle Fotos privat mit folgenden Ausnahmen:
HAZ-Hauschild-Archiv/ Historisches Museum Hannover (Titelfotos, S. 22/23, 40/41, 58/59, 72/73, 88/89, 100/101, 116/117, 132/133), Fotolia/branex S.30

Lithografie: Amparo Llorens

August-Madsack-Straße 1
30559 Hannover
www.madsack-agentur.de

Druck: Druckhaus Göttingen
Göttinger Tageblatt GmbH & Co. KG
Dransfelder Straße 1
37079 Göttingen

1. Auflage: Oktober 2014

ISBN 978-3-940308-88-7

Bibliografische Informationen der Deutschen Bibliothek: Die Deutsche Bibliothek verzeichnet diese Publikation in der Deutschen Nationalbibliografie; detaillierte Daten im Internet über http://dnb.ddb.de abrufbar.